Otto Schmidt

Rousseau und Byron

Schmidt, Otto

Rousseau und Byron

ISBN: 978-3-86741-487-6

Auflage: 1
Erscheinungsjahr: 2010
Erscheinungsort: Bremen, Deutschland

© Europäischer Hochschulverlag GmbH & Co KG, Fahrenheitstr. 1, 28359 Bremen (www.eh-verlag.de). Alle Rechte beim Verlag und bei den jeweiligen Lizenzgebern.

Bei diesem Titel handelt es sich um den Nachdruck eines historischen, lange vergriffenen Buches aus der Eugen Franck's Buchhandlung, Oppeln & Leipzig (1890). Da elektronische Druckvorlagen für diese Titel nicht existieren, musste auf alte Vorlagen zurückgegriffen werden. Hieraus zwangsläufig resultierende Qualitätsverluste bitten wir zu entschuldigen.

Rousseau und Byron.

Ein Beitrag

zur vergleichenden Litteraturgeschichte

des Revolutionszeitalters.

Von

Dr. Otto Schmidt,
Lehrer an der städt. höh. Mädchenschule
zu Greifswald.

Oppeln und Leipzig.
Eugen Franck's Buchhandlung (Georg Maske).
1890.

Abkürzungen.

Ap.	Appendix.
Ch. H.	Childe Harold.
Conf., Cf.	Confessions.
Def. Transf.	The Deformed Transformed.
Dial.	Dialogues ou Rousseau, Juge de Jean-Jacques.
D. J.	Don Juan.
Ém. et S.	Émile et Sophie ou les Solitaires.
Fosc.	The Two Foscari.
L. à M. Laliaud	Lettre à M. Laliaud.
Mar. Fal., Fal	Marino Faliero.
Moore, M.	Th. Moore, Letters and Journals of Lord Byron with Notices of his Life. Paris 1833.
N. H.	La Nouvelle Héloïse.
Pamph. o. h. m. a.	Pamphlet on his matrimonial affairs.
Sard.	Sardanapalus.
To Moore, to Murray	Letter to Moore, Letter to Murray.

Einleitung.

Il n'y a guère moyen d'être neuf en un sujet si profondément fouillé; nous ne viserons qu'à être vrai.   Amiel.

Die folgende Arbeit hat zum Zweck einen Beitrag zu dem besseren Verständnisse Rousseaus und Byrons zu liefern, indem sie die Beziehungen nachweist, die zwischen ihnen herrschen, und dadurch zugleich den Einfluss feststellt, den ersterer auf letzteren ausgeübt hat.

Nicht dadurch ist diese Aufgabe zu lösen, dass wir uns in Vermutungen darüber ergehen, welche Werke Rousseaus Byron gelesen, wann er dies gethan, und welche Gedanken und Gefühle sie in ihm erweckt haben; wüsste er doch wohl selbst kaum solche Fragen zu beantworten. Die meisten Eindrücke auf unser Seelenleben geschehen ja, ohne dass wir uns derselben deutlich bewusst werden. Sicherer können wir den Einfluss Rousseaus auf Byron aus den Resultaten erkennen, die derselbe gehabt hat.

Diese Resultate finden wir vor allem in den Werken Byrons. Da sie ein Ausfluss seines dichterischen Genius sind, dieser aber in innigster Verbindung und Wechselwirkung mit seinem Leben und Charakter steht, so müssen wir das Leben[1]), den Charakter und die dich-

---

[1]) *In Byron the literary and the personal character were so closely interwoven, that to have left his works without the instructive commentary which his Life and Correspondence afford, would have been equally an injustice both to himself and to the world.*   Moore, Preface I. I.

L'importance de la vie de Rousseau est grande; elle donne de l'intérêt à ses écrits, et ceux-ci en rendent à sa vie.   Al. Vinet.

terische Eigenart Byrons in den Bereich unserer Betrachtung ziehen. Weil es nun in den meisten Fällen unmöglich ist, mit voller Gewissheit zu sagen: diesen Gedanken hat Byron von Rousseau geerbt, jenes Gefühl ist von einem zum andern übergegangen, so müssen wir uns notwendiger Weise darauf beschränken, ausführlich zu erweisen, worin sie selbst und worin ihre Werke mit einander übereinstimmen. Unsere Hauptaufgabe ist es somit, nach dem Geiste Rousseaus in den Werken Byrons zu forschen, vorher aber nach *those generic points of resemblance which it is so interesting to trace in the characters* — wir setzen hinzu: *and in the lives — of men of genius*[1]).

Durch eine Reihe von Citaten[2]), in denen beide Autoren das bestätigen, was wir behauptet, geben wir dem Leser das Mittel an die Hand, alles, was wir gesagt, auf seine Richtigkeit hin zu prüfen. Diese Citate sind zweierlei Art, entweder sind es Bemerkungen, die sie über sich und ihre Schriften in ihren Briefen, Tagebüchern, Memoiren und Confessionen gemacht haben; wie sie angesehen und benutzt werden müssen, zeigt uns folgende Stelle aus Lotheissens Geschichte der französischen Litteratur des XVII. Jahrhunderts:[3]) *Bei der Beurteilung eines Menschen muss man freilich mit solchen brieflichen Äusserungen, die vielleicht im Augenblick der Ermüdung geschrieben sind, vorsichtig sein. Wenn sie aber durch die ganze Lebensweise des Schreibenden als wirkliche Meinung desselben bestätigt werden, gewinnen sie doppelt an Gewicht,* — oder es sind Worte, die sie den Geschöpfen ihrer Phantasie in den Mund gelegt haben; was diese anbetrifft, so verwahren wir uns hier in der Einleitung gleich von vornherein gegen den Vorwurf, die Dichter mit den letzteren

---

[1]) Moore. II. 143.

[2]) Wir haben dieselben teils im Text angeführt, teils in einen Appendix verwiesen.

[3]) Band I, S. 182.

zu verwechseln[1]). Da aber gerade Rousseau und Byron in alles, was sie geschrieben, derart ihr eigenstes, innerstes Denken und Fühlen verwebt haben, dass es selbst für denjenigen, der sich eingehend mit ihnen beschäftigt hat, sehr schwer ist, stets die Grenzlinien zwischen ihnen und ihren Phantasiegebilden deutlich zu sehen, da sie anerkanntermassen die subjektivsten Schriftsteller, nicht allein der neueren Litteraturen, sondern der Weltlitteratur überhaupt gewesen[2]), so werden wir, mit der gehörigen Vorsicht und in gewissen Grenzen[3]), mit Recht Aussprüche, ja Charaktereigenschaften von Personen aus ihren Werken zur Erklärung und Ergänzug des von uns Gesagten anführen[4]), wir werden mit Recht ihre Werke durch sie selbst erklären können und sie selbst durch ihre Werke.

Nach dem Gesagten wird der Leser ersehen, dass wir vermeiden ihm unser persönliches Urteil aufzudrängen, wir breiten nur den Stoff vor ihm aus, damit er selbst zu demselben Resultat gelangen möge wie wir, zu der Überzeugung, dass eine höchst seltsame und bemerkenswerte Ähnlichkeit zu finden zwischen Rousseau und Byron, eine Ähnlichkeit, die nicht ohne einen gewissen Einfluss des einen auf den andern hat entstehen können.

[1]) *The reader must not fall into the error of supposing that I endeavour to identify Shakspere with any one of his dramatic personages.*
Dowden, Mind and Art p. XIII.

[2]) *Lord Byron n'a pas écrit une ligne qui n'eût quelque rapport direct ou indirect avec lui-même.* Blaze de Bury, Lord Byron et le Byronisme.
Je n'avais pas besoin de le voir pour le connaître. Je le connais par ses œuvres; c'en est assez et même trop. Hist. des Dial.

[3]) Diese Grenzen scheinen uns gerade in zwei Büchern, denen wir manche Anregung verdanken, sehr gut innegehalten zu sein, in E. Schmidt: Richardson, Rousseau und Goethe und in Dowden: Shakspere's Mind and Art.

[4]) *Je crus qu'en méditant très attentivement ses ouvrages, et comparant soigneusement l'auteur avec l'homme, je parviendrais à éclairer ces deux objets l'un par l'autre.* 3. Dial.
No one, J suppose, would maintain that a product of mind can fail in some measure to reveal its origin and cause.
Dowden, Mind and Art p. XIII.

Schon von vielen ist dieselbe erwähnt worden, in allen grösseren Litteraturgeschichten findet man Hinweisungen auf sie, aber auch nichts mehr; ausführlich und eingehend ist das Thema noch nirgends behandelt worden. Die meisten Litterarhistoriker beschränken sich auf oberflächliche Angaben, aus denen wir wohl ungefähr entnehmen, dass eine Geistesverwandtschaft zwischen beiden Männern vorhanden ist, die uns aber im Unklaren lassen über die Grösse derselben. Derjenige, welcher am ausführlichsten den Gegenstand behandelt hat, ist Elze[1]); aber so dankenswert dies ist, und so klar er die Hauptpunkte hervorhebt, so kann sein Vergleich doch nicht genügen, besonders auch weil er Rousseau zu schlecht bei demselben wegkommen lässt. Wenn er sagt: *Rousseau suchte im Katholizismus Beruhigung, und Byron wäre bei längerem Leben vermutlich demselben Schicksal anheimgefallen, jedenfalls war er dem Katholizismus nicht abgeneigt*[2]), so ist dies in Bezug auf Rousseau wenig glaubwürdig; derselbe trat zum Katholizismus über als 16-jähriger Knabe, aus Leichtsinn und aus Liebe zu seiner *maman*, die dies von ihm wünschte. Auch die Behauptung: *Byron hatte weniger zu beichten, als Rousseau in seinen Bekenntnissen gethan hat*, ist nicht zutreffend; von Byrons Jugend wissen wir, wie Elze selbst sagt, im Vergleich zu seinem Mannesalter sehr wenig, können aber nach allem annehmen, dass er sicherlich nicht weniger Abenteuer erlebt, dass er in sittlicher Beziehung nicht höher stand als der jugendliche Rousseau. Es ist wahr, dass Rousseau *einem falschen Idealismus huldigt*, aber *dass er das Tier im Menschen zum Engel herausputzt*, heisst die Sache doch etwas stark ausdrücken.

Wir erinnern im Gegensatz hierzu an die Stelle, wo Villemain den Einfluss Rousseaus auf Byron erwähnt und gerade hervorhebt, dass dasjenige, was Byron unter Rousseau stellt, der gänzliche Mangel der *émotion morale*

---

[1]) Lord Byron[8], p. 355—359.
[2]) Lord Byron[8], p. 357.

sei![1]) Aber auch er hat nur teilweise recht; die sittliche Idee fehlt weder in den Werken Byrons noch Rousseaus, sie tritt in ihnen nur in verschiedener Form auf, beide wirken nur in verschiedener Weise für dieselbe. Wir sehen, dass bei Elzes Vergleich dem Romanen Rousseau, bei Villemains Vergleich dem Germanen Byron nicht volle Gerechtigkeit widerfährt.

Die erste nun, welche die Ähnlichkeit Byrons mit Rousseau erwähnte, war niemand anders, als Byrons eigene Mutter, und zwar that sie dies schon bevor er das 20. Lebensjahr erreicht hatte. Dann nahm Frau von Staël, als sie Byron 1813 in London kennen lernte, diesen Vergleich wieder auf, und W. Scott ging auf denselben ein in seiner Kritik des IV. Gesanges von Childe Harold. Byron selbst sagt uns das und knüpft daran eine längere Betrachtung, in der er den Vergleich als einen wenig begründeten bezeichnet; aber schon Elze hat darauf hingewiesen, dass seine Gegengründe sich meist auf rein Äusserliches und Nebensächliches beziehen.

Die Stelle, in der Byron die Ähnlichkeit verneint, ist für uns so wichtig, dass wir sie hier vollständig wiedergeben; wir lassen ihr jedoch noch eine andere vorhergehn, in

---

[1]) *L'influence de Rousseau n'est pas moins sensiblement marquée dans les ouvrages du grand poète anglais de notre époque. Mais elle y est gâtée bien plus que corrigée. En fortifiant chez Byron cette haine contre la société, qui n'est pas le jugement de l'homme vertueux et du sage, elle s'empreint d'un alliage de scepticisme. De là cette poésie mélancolique et pourtant sensuelle, amère sans être sérieuse, empruntant au spectacle de la nature les plus riches couleurs, et comme illuminée de cet éclat physique du monde, mais n'y portant pas l'émotion morale qui en serait la grandeur et la vie. Le génie de Rousseau n'en a pas moins une grande part dans les impressions qui ont formé le poétique égoisme du peintre de Childe Harold et de Lara, comme Voltaire dans l'éducation philosophique du peintre de Don Juan. Byron avait dans la mémoire et devant les yeux le bosquet imaginaire de Clarens, comme les bords enchanteurs et tant de fois parcourus du Léman; et Rousseau lui a donné plus d'une inspiration de misanthropie et d'amour.*
Villemain, Cours de Litt. fr. II. 418.

welcher er bei Aufzählung aller Persönlichkeiten, denen er in irgend einer Beziehung ähneln sollte, auch Rousseau anführt: *I have been thinking over, the other day, on the various comparisons, good or evil, which I have seen published of myself in different journals, English and foreign. This was suggested to me by accidentally turning over a foreign one lately, — for I have made it a rule latterly never to search for any thing of the kind, but not to avoid the perusal, if presented by chance.*

To begin, then: I have seen myself compared, personally or poetically, in English, French, German (as interpreted to me), Italian, and Portuguese, within these nine years, to Rousseau, Goethe, Young, Aretine, Timon of Athens, Dante, Petrarch, „an alabaster vase, lighted up within", Satan, Shakespeare, Buonaparte, Tiberius, Æschylus, Sophocles, Euripides, Harlequin, the Clown, etc[1]*.*

Vergessen wir nicht, zu bemerken, dass Rousseau in dieser Liste zuerst genannt ist; vielleicht hat das nur eine zeitliche Bedeutung, vielleicht hat aber Byron Rousseau vorangestellt, weil er sich ihm von allen am meisten verwandt fühlte.

Jedoch die Hauptstelle ist die folgende: *The idea, entertained by Mrs. Byron, of a resemblance between her son and Rousseau was founded chiefly, we may suppose, on those habits of solitariness, in which he had even already shown a disposition to follow that selfcontemplative philosopher, and which, manifesting themselves thus early, gained strength as he advanced in life. In one of his Journals, to which I frequently have occasion to refer (the journal entitled by himself „Detached Thoughts"), he thus, in questioning the justice of*

---

[1]) Journal. Moore II. 501. Moore fügt in einer Anmerkung die Worte hinzu: *It would not be uninteresting, were there either space or time for such a task, to take a review of the names of note in the preceding list, ond show in how many points, though differing so materially among themselves, it might be found that each presented a striking resemblance to Lord Byron.* Journal. Moore II. 501. Wir sind im Begriff diesen Wunsch Moores zu erfüllen.

this comparison between himself and Rousseau, gives, — as usual, vividly, — some touches of his own disposition and habitudes: — „My mother, before I was twenty, would have it that I was like Rousseau, and Madame de Staël used to say so too in 1813, and the Edinburgh Review has something of the sort in its critique on the fourth Canto of Childe Harold. I can't see any point of resemblance: — he wrote prose [1], I verse: he was of the people [2]; I of the aristocracy [1]): he was a philosopher [3]; I am none: he published his first work at forty [4]; I mine at eighteen: his first essay brought him universal applause [5]; mine the contrary: he married his housekeeper [6]; I could not keep house with my wife: he thought all the world in a plot against him [7]; my little world seems to think me in a plot against it, if I may judge by their abuse in print and coterie: he liked botany [8]; I like flowers, herbs, and trees, but know nothing of their pedigrees: he wrote music [9]; I limit my knowledge of it to what I catch by ear — I never could learn any thing by study [10], not even a language — it was all by rote, and ear, and memory; he had a bad memory [11]; I had, at least, an excellent one (ask Hodgson the poet — a good judge, for he has an astonishing one): he wrote with hesitation and care [12]; I with rapidity, and rarely with pains; he could never ride [13], nor swim [14], nor „was cunning of fence": I am an excellent swimmer, a decent, though not at all a dashing, rider (having staved in a rib at eighteen, in the course of scampering), and was sufficient of fence [15], particularly of the Highland broad-sword, — not a bad boxer [16], when I could keep my temper, which was difficult, but which I strove to do ever since I knocked down Mr. Purling, and put his kneepan out, with the gloves on, in Angelo and Jackson's rooms in 1806, during the sparring, — and I was besides, a very fair cricketer [17], — one of the Harrow eleven, when we played against Eton in 1805. Besides, Rousseau's way of life [18], his

---

[1]) Moore fügt indessen in einer Anmerkung hinzu: *Few philosophers, however, have been so indulgent to the pride of birth as Rousseau.* — „*S'il est un orgueil pardonnable (he says) après celui qui se tire du mérite personnel, c'est celui qui se tire de la naissance.*" — *Confess.*

country[19], *his manners*[20], *his whole character*[21], *were so very different, that I am at a loss to conceive how such a comparison could have arisen, as it has done three several times, and all in rather a remarkable manner. I forgot to say that he was also shortsighted*[22], *and that hitherto my eyes have been the contrary, to such a degree that, in the largest theatre of Bologna, I distinguished and read some busts and inscriptions, painted near the stage, from a box so distant and so darkly lighted, that none of the company (composed of young and very bright-eyed people, some of them in the same box), could make out a letter, and thought it was a trick, though I had never been in that theatre before.*

Altogether, I think myself justified in thinking the comparison not well founded. I don't say this out of pique, for Rousseau was a great man; and the thing, if true, were flattering enough; — but I have no idea of being pleased with the chimera[1]).

Byron stellt, wie wir sehn, 22 Punkte zusammen, in denen er eine Ähnlichkeit mit Rousseau zurückweist. Jedoch 17 dieser Punkte sind rein äusserlicher Natur, sie haben mit der Hauptsache, mit dem Geist und Genie der beiden Männer wenig zu schaffen, nur bei 5 derselben bedürfen also seine Behauptungen einer Widerlegung. Da dieselben aber in der folgenden Arbeit Behandlung finden werden, so gehen wir hier weiter nicht auf dieselben ein, um zu prüfen, wie sehr oder wie wenig sie begründet sind. Statt dessen führen wir hier eine Stelle aus Childe Harold an, in welcher Byron sich selbst widerlegt; nicht allein preist er in ihr Rousseau mit glühender Begeisterung, sondern er bekennt sich auch selbst mit jedem Worte, das er spricht — ahnungslos — als den grössten Schüler des Mannes, der ihn, wie alle hervorragenden Geister am Ende des vorigen und im Anfang dieses Jahrhunderts in den Zauberkreis seiner Ideen gebannt hielt:

---

¹) Moore I, 117—118.

I require
Those who find contemplation in the urn,
To look on One, whose dust was once all fire,
A native of the land where I respire
The clear air for awhile — a passing guest,
Where he became a being, — whose desire
Was to be glorious: 'twas a foolish quest,
The which to gain and keep, he sacrificed all rest

Here the self-torturing sophist, wild Rousseau,
The apostle of affliction, he who threw
Enchantment over passion, and from woe
Wrung overwhelming eloquence, first drew
The breath which made him wretched; yet he knew
How to make madness beautiful, and cast
O'er erring deeds and thoughts a heavenly hue
Of words, like sunbeams, dazzling as they pass'd
The eyes, which o'er them shed tears feelingly and fast.

His love was passion's essence — as a tree
On fire by lightning; with ethereal flame
Kindled he was, and blasted; for to be
Thus, and enamour'd, were in him the same.
But his was not the love of living dame,
Nor of the dead who rise upon our dreams,
But of ideal beauty, which became
In him existence, and o'erflowing teems
Along his burning page, distemper'd though it seems.

This breathed itself to life in Julia, this
Invested her with all that's wild and sweet;
This hallow'd, too, the memorable kiss
Which every morn his fever'd lip would greet,
From hers, who but with friendship his would meet;
But to that gentle touch, through brain and breast
Flash'd the thrill'd spirit's love-devouring heat;
In that absorbing sigh perchance more blest
Than vulgar minds may be with all they seek possess'd.

His life was one long war with self-sought foes,
Or friends by him self-banish'd; for his mind
Had grown Suspicion's sanctuary, and chose
For its own cruel sacrifice, the kind
'Gainst whom he raged with fury strange and blind.

> *But he was phrensied, — wherefore, who may know?*
> *Since cause might be which skill could never find;*
> *But he was phrensied by disease or woe,*
> *To that worst pitch of all, which wears a reasoning show.*
>
> *For then he was inspired, and from him came*
> *As from the Pythian's mystic cave of yore,*
> *Those oracles which set the world in flame,*
> *Nor ceased to burn till kingdoms were no more:*
> *Did he not this for France? which lay before*
> *Bow'd to the inborn tyranny of years?*
> *Broken and trembling to they yoke they bore,*
> *Till by the voice of him and his compeers*
> *Roused up to too much wrath, which follows o'ergrown fears?* [1]

Somit haben wir die beiden weitaus bedeutendsten Stellen angeführt, in denen Byron von Rousseau spricht. In der einen stellt er zum Zeitvertreib und vom Geist des Widerspruchs getrieben alles zusammen, was ihn nach seiner Meinung von diesem unterscheidet, in der andern zeichnet er, frei von Vorurteil und Eigenwillen, seinem wahren Gefühl einen unmittelbaren, unsterblichen Ausdruck verleihend, sich selbst, indem er Rousseau zeichnet.

Alle übrigen Stellen, in denen er ihn erwähnt, und die viel weniger umfangreich und wichtig sind, geben wir hier in einer Übersicht und fassen diejenigen mit gleichem Inhalte zusammen:

Journal, Nov. 30. 1807: Byron sagt, dass er die Confessions und die Nouvelle Héloïse gelesen.

Lines written in „Letters of an Italian Nun and an English Gentleman by J. J. Rousseau. Founded on Facts". 1804: Byron zeigt damit, dass er mit 16 Jahren schon die Nouv. Hél. und ihren Anhang, Les Amours de Milord Édouard Bomston, gelesen.

to Murray. July 6. 1821.
to Murray. Oct. 25. 1822.
Essay on Pope. Moore II. 280.

Byron verteidigt sich gegen den Vorwurf der Unsittlichkeit in seinen Schriften und sagt, dass Rousseau gefährlich zu lesen sei, nicht er.

---

[1] Ch. H. III, 76—81.

Don Juan VII. 3—4: Beide *scoffing at human power and virtue.*

to Mrs. Byron, Oct. 7. 1808: Beider Sehnsucht nach Einsamkeit.

Pamphlet on his matrimonial affairs, Moore II. 207: Beide verlassen ihr Vaterland, weil sie mit demselben zerfallen sind.

Childe Harold III. 104.
to Murray. June 27. 1816.
to Murray. April 9. 1817. } Clarens und den Genfer See betreffend.
Journal. Sept. 1818.
To Lake Leman.

Historical Notes to Canto IV.
   of Childe Harold, No. II.
to Moore. Dec. 8. 1803. } Inhaltlich von wenig Interesse.
Don Juan XIV. 75.
Essay on Pope. Moore, II. 278.

Fügen wir dieser Liste noch die abgedruckten Stellen hinzu:

Journal. Moore, II. 501.
Detached Thoughts. Moore, I. 117—118.
Childe Harold, III. 76—83.

so haben wir alle Stellen beisammen, in denen Byron Rousseau erwähnt hat.

Hiermit glauben wir alles gesagt zu haben, was uns für die Einleitung unserer Arbeit bemerkenswert erscheint. Was diese selbst anlangt, so haben wir sie in drei Kapitel einzuteilen und in diesen, wie schon angedeutet, vergleichsweise das Leben, den Charakter und die dichterische Eigenart der beiden Männer zu behandeln.

Um nun zunächst den Boden kennen zu lernen, auf dem ihr menschlicher und litterarischer Charakter erwuchs, um zu sehen, wie aus ähnlichen Schicksalen ähnliche Menschen, aus gleichen Ursachen gleiche Wirkungen hervorgingen, wenden wir uns zum ersten Teil unserer Arbeit, zu einer vergleichenden Übersicht über das Leben Rousseaus und Byrons.

Teil I.

Wie eines Menschen Gemüt, so ist auch sein Schicksal. Vehse.

Eine so grosse Entfernung zwischen dem Kanton Genf und Schottland liegt, den Heimatländern beider Männer, eine so kleine liegt zwischen den Orten, wo die Wiege ihres Geschlechtes stand: Rousseaus Vorfahren stammten aus Frankreich, aus Paris, diejenigen Byrons aus der Normandie. Aber fern liegt es uns natürlich diesem zufälligen Umstande irgend welche Bedeutung zuzumessen. Interessanter ist es, zu beobachten, wie sich schon bei ihren Eltern eine Reihe von Ähnlichkeiten finden. Ihre Väter waren beide selbstsüchtige, leichtsinnige Männer; derjenige Rousseaus liess seine Frau gleich nach der Geburt ihres ersten Kindes in Genf zurück, um nach Konstantinopel zu wandern und dort Uhrmacher im Serail zu werden, derjenige Byrons entführte die Frau eines andern. Sie brachten es beide dahin, dass ihr Bleiben im Vaterlande eine Unmöglichkeit wurde. Der eine floh wegen Ehrenhändel nach Nyon im Waadtland, der andere wegen Schulden nach Frankreich. Auch darin waren sie einander gleich, dass sie sich sehr wenig um die Erziehung ihrer Söhne kümmerten. So fehlte den Kindern von vornherein die strenge und doch liebevolle Vaterhand.[1] Sie wurden um so mehr verzogen, als sie beide einzige Kinder waren; nicht ganz im eigentlichen Sinne des Wortes, denn Rousseau hatte noch einen älteren Bruder, Byron eine ältere Halbschwester, aber sie wurden doch nicht mit diesen erzogen und haben jugendliche Geschwisterliebe

---

[1] *Stern Death forbade my orphan youth to share
The tender guidance of a father's care.
Can rank, or e'en a guardian's name, supply
The love which glistens in a father's eye? —*
    Childish Recollections.

somit nicht kennen gelernt.¹) Auch die Elternliebe genossen sie beide nur halb, wie Rousseau früh seine Mutter, so verlor Byron früh seinen Vater, beide waren schon in ihrer Kindheit halbe Waisen. Aber wenn doch nun ihre übrig bleibenden Verwandten sie pflichtgetreu erzogen hätten! Doch das war nicht der Fall.²) Rousseaus Vater las mit dem 7jährigen Knaben ganze Nächte hindurch Romane und begnügte sich damit, das Geschick des 16jährigen, der davongelaufen war, zu beweinen, anstatt ihn zurückzuholen; er war am Ende froh, für den verlorenen Sohn nicht mehr sorgen und ihm sein mütterliches Erbteil nicht auszahlen zu müssen. Die Mutter Byrons war im höchsten Grade launisch; ohne tieferes Gefühl, ohne rechte Liebe zu ihrem Kinde, überschüttete sie dasselbe bald mit Schmähungen über seine Ungezogenheit und seine Missgestalt, bald mit unverdienten Liebkosungen. Beiden gegenüber verloren die Kinder bald alle Achtung und alles Vertrauen. Sie schlossen sich demnach um so enger an diejenigen Personen an, unter deren unmittelbarer Pflege und Obhut sie standen; so kam es, dass die Namen ihrer Wärterinnen, Jacqueline und May Gray, von den dankbaren Zöglingen der Nachwelt überliefert sind; bei ihnen fanden sie beide Entgegenkommen und Gefühl für ihre kleinen Leiden und Freuden. Später suchte ihr junges, liebebedürftiges Herz Ersatz für den Mangel an Familienleben in der Freundschaft zu gleichalterigen Ge-

---

¹) *On n'a plus eu de ses nouvelles depuis ce temps-là, et voilà comment je suis demeuré fils unique.* Conf. I.

I have remarked a curious coincidence, which almost looks like a fatality. My mother, my wife, my daughter, my half-sister, my sister's mother, my natural daughter (as far at least as I am concerned), and myself, are all only children. to Murray. Dec. 10. 1821.

²) So wuchsen beide ohne eigentliche Erziehung auf: *De tous les hommes, celui dont le caractère dérive le plus pleinement de son seul tempérament est Jean-Jacques. Il est ce que l'a fait la nature: l'éducation ne l'a que bien peu modifié.* 2. Dial.

He had been ill brought up, and was born bilious. D. J. I. 35.

nossen. Beide schildern ihre Jugendfreundschaften als aussergewöhnlich innig und hingebend. Rousseaus Busenfreund war sein Vetter, der Sohn des Ingenieurs Bernard, zu dem er in Pension gegeben wurde, als sein Vater aus Genf entflohn, Byrons intimster Jugendfreund war Lord Clare. Byron sagt selber: *My school-friendships were with me passions* [1]), und Rousseau schildert sehr schön, wie er und sein Vetter geradezu nicht ohne einander leben konnten. [2]) Bei einem solchen Drange nach Bethätigung des Gemüts nimmt es uns nicht Wunder, dass beide auch schon früh Liebesgedanken hegten, finden wir doch diese Erscheinung fast bei allen grossen Dichtern. Indes, so wichtig es uns erscheint, gerade auf die Jugend beider Männer Rücksicht zu nehmen, weil in ihr sich ihre spätere Manneszeit im Spiegel zeigt, weil sie uns erst dieselbe erklärt, weil sie die Quelle ihres Talents und aller ihrer Leiden war, so verzichten wir doch hier darauf, alle Geliebten anzuführen, denen sie ihr junges Herz geweiht, und alle Plätze, an welchen sie dies gethan; wir erwähnen nur die Thatsache dieser frühen Neigungen, die von ihnen selbst bestätigt ist. Sie konnten um so mehr diesem Hange nachgehen, als sie meist unbeobachtet waren, und man sich wenig um ihre Erziehung kümmerte. Daher kam es auch, dass sie beide in der Schule wenig leisteten, niemand war da, der sie zum Fleiss anhalten und ihnen die Schule angenehm machen konnte; sie wurden infolge dessen für schlecht begabte Knaben gehalten; nur wenige Menschen sahen in ihnen den Funken, der, wenn er angefacht würde, einst zu einer göttlichen Flamme auflodern könnte. Bei Rousseau war es Frau von Warens, die seine Begabung schon früh erkannte, bei Byron that es Dr. Drury, der Rektor von Harrow-College. Aber auch sie selbst scheinen eigentümlicher Weise schon jung sich ihrer hohen

---

[1]) M. I. 87.

[2]) *Notre attachement l'un pour l'autre était extrême; non-seulement nous ne pouvions vivre un instant séparés, mais nous n'imaginions pas que nous pussions jamais l'être.* Conf. I.

Bestimmung bewusst gewesen zu sein, Rousseau begleiten durch seine ganze wilde Jugend hochfliegende Ideen und die Zuversicht, einst eine hervorragende Stellung einzunehmen, Byron glaubt ebenfalls, er werde einst in irgend einer Hinsicht seine Mitmenschen weit hinter sich lassen. Freilich, dies konnte in keinem Fache geschehen, in dem ausdauernde Arbeit erforderlich war, dazu waren sie beide nicht geschaffen, dazu waren sie auch nicht erzogen. Die Arbeit haben sie in ihrem Leben ebenso wenig kennen gelernt, als den Gehorsam; in allem, was sie thaten, folgten sie nur ihren eigenen augenblicklichen, wechselvollen Neigungen. So sagt Byron: *I hate tasks*[1]) und Rousseau: *En toute chose imaginable, ce que je ne fais pas avec plaisir m'est bientôt impossible à faire.*[2]) Ähnlich finden wir auch in ihren Werken die Arbeit dargestellt, sie ist selten bei Rousseau wirklich ernst, aufrichtig, einem Ziele zustrebend, und Byron lässt Cain sich ewig darüber beschweren, dass Gott den Menschen zur Arbeit verdammt hat, dass er ihn aus dem arbeitlosen Paradiese verstossen.

So zur Arbeit im allgemeinen wenig geneigt, waren sie es auch im besonderen zum Studium. Byron fasst bei seinem in der Einleitung angeführten Vergleiche diese seine Eigentümlichkeit als einen Gegensatz auf, der ihn von Rousseau unterscheidet[3]). Er irrt sich, gerade hierin stimmten sie sehr überein; wie er, sagt Rousseau mit klaren Worten: *La vie appliquée et sédentaire ne me plaît ni ne me convient*[4]). *Il faut que je ne sois pas né pour l'étude; car une longue application me fatigue à tel point qu'il m'est impossible de m'occuper une demi-heure de suite avec force du même sujet*[5]). *Quand j'ai suivi durant quelques pages un auteur qu'il faut lire avec application, mon esprit l'abandonne et se perd dans les nuages. Si je m'obstine, je m'épuise inutilement; les éblouissements me prennent; je ne vois plus rien*[6]). Alle ihre Studien behielten einen wenig eingehenden

---

[1]) to Murray. Apr. 6. 1819.   [2]) Rêv. 6. Prom.
[3]) *J never could learn any thing by study.*
[4]) 2. Dial.   [5]) Conf. VI.   [6]) Conf. VI.

Charakter. Damit hängt zusammen, dass sie zu einem bestimmten Berufe unbrauchbar waren, sie konnten sich nicht in eine geregelte und gebundene Thätigkeit finden. Man gab Rousseau bei einem Gerichtsschreiber in die Lehre, der ihn aber bald fortschickte, weil er sich zu ungelehrig zeigte, darauf zu einem Kupferstecher, dem er entlief; bei Frau von Warens machte er dann nach einander vergebliche Versuche, sich zum Prediger, Kanzlisten und Musiklehrer auszubilden. Beide hielten sich seltsamerweise für die diplomatische Laufbahn geeignet, Rousseau arbeitete eine Zeit lang bei der Gesandtschaft in Venedig, und Byron hatte, nachdem er seinen Sitz im Oberhause eingenommen anfangs die Absicht sich zum Staatsmann auszubilden. Mit Recht sagt der erste von sich: *J'étais destiné à être le rebut de tous les états*[1]) und der andere: *At five-and-twenty, when the better part of life is over, one should be something; — and what am J? nothing but five-and-twenty and the odd months*[2]). Was sie nicht waren und nicht zu werden vermochten, straften sie mit Verachtung: wer einen Beruf ergreift und in ihm zu Ehren und Würden gelangt, kann dies nur auf krummen Wegen bewerkstelligen, nur mit Concessionen an die gesellschaftliche Lüge und Heuchelei, mit unwürdiger Verzichtleistung auf seine eigene, bessere, unabhängige Persönlichkeit. Ja, die Arbeit in einem Berufe erscheint Rousseau sogar lächerlich und verächtlich: *Si j'aime quelquefois à penser, c'est librement et sans gêne, en laissant aller à leur gré mes idées sans les assujettir à rien. Mais penser à ceci ou à cela par devoir, par métier, mettre à mes productions de la correction, de la méthode, est pour moi le travail d'un galérien; et penser pour vivre me paraît la plus pénible ainsi que la plus ridicule de toutes les occupations*[3]).

Wenn sie sich nun auch als wenig lernbegierige Schüler zeigten und für einen bestimmten Beruf untüchtig waren, so müssen wir ihnen ohne Zweifel dennoch

---

[1]) Conf. III.   [2]) Journal.   [3]) 2. Dial.

ein gutes Teil von Kenntnissen zusprechen. Byron hat gewiss vollständig recht, wenn er sagt: *In general information, history etc. I think I was his (Peel's) superior, as well as of most boys of my standing.* Gerade so kam die wissenschaftliche Beschäftigung Rousseaus in den Charmettes, wenn auch nicht viel seinen positiven Kenntnissen, so doch jedenfalls der Erweiterung seines geistigen Horizontes zu statten.

Durch die Lektüre, die ihnen in der Jugend zu Gebote stand, oder die sie sich zu verschaffen wussten, bildete sich aber nicht nur ihr Verstand, sondern vor allem ihr Gefühl aus: sie waren eifrige, sie waren gierige Romanleser. Beide bezeugen uns das selbst an den folgenden Stellen: *Ce goût (de la lecture), irrité par la contrainte, devint passion, bientôt fureur. La Tribu, fameuse loueuse de livres m'en fournissait de toute espèce. Bons et mauvais, tout passait, je ne choisissais point; je lisais tout avec une égale avidité*[1]).

I was never seen reading, but always idle, and in mischief or at play. The truth is, that I read eating, read in bed, read when no one else read, and had read all sorts of reading, since I was five years old. — List of writers whose works I have perused: ... novels by the thousand; the greater part of the (books mentioned) above I perused before the age of fifteen[2]). — Dr. Glennie sagte in dieser Beziehung von Byron: *His reading in history and poetry was far beyond the usual standard of his age, and in my study he found many books both to please his taste and gratify his curiosity.*

Mit 16 Jahren hatte Byron schon die Nouvelle Héloïse gelesen, wie aus einem Gedicht in den Hours of Idleness hervorgeht; dasselbe ist die *Answer* auf einige *Lines written in „Letters of an Italian Nun and an English Gentleman: by J J. Rousseau: founded on facts,"* und hat das Datum *July, 1804.* Die Nouvelle Héloïse muss den 16-jährigen Jüngling gewaltig ergriffen haben, aber sie und ganz im besonderen das Liebesverhältnis

---

[1]) Conf. I.   [2]) Nov. 30. 1807.

Milord Edouard Bomstons, des *English Gentleman* ist doch eine zu ungeeignete, vorzeitige Lektüre für ihn gewesen. Wir erfahren dann noch einmal durch seine *List of writers whose works I have perused*[1]), dass er die Nouvelle Héloïse gelesen hat: *I have also read (to my regret at present) above four thousand novels, including the works of Cervantes, Fielding, Smollet, Richardson, Mackenzie, Sterne, Rabelais and Rousseau.*

Aus derselben Liste ersehen wir, dass er mit 19 Jahren (die Liste trägt das Datum Nov. 30. 1807) auch schon Rousseaus Confessions gelesen, denn unter dem Titel *Biography* sind dieselben unter anderen angeführt: auch gewiss eine sehr verfrühte Lektüre, die dem jugendlichen Leser gerade deswegen unauslöschlich im Gedächtnisse haften blieb. Viel zu jung, fast noch als Knaben, wurden sie so schon eingeweiht in die Geheimnisse des menschlichen Herzens und bekannt mit den Nachtseiten der menschlichen Natur[2]). Dadurch ging ihnen bald jene einfache Natürlichkeit verloren, die gerade ein Kennzeichen des Kindes[3]) ist, und wir finden denn auch in ihren Werken von naiver Anschauung keine Spur.

Sie schwelgten in Empfindungen und Phantasieen, die weit ihrem Alter vorausgingen: sie waren jugendliche Träumer. Wie wichtig für seine Entwickelung diese so früh erworbene Neigung war, dessen war sich Rousseau vollkommen bewusst: *De cette pente aux douces rêveries, j'ai vu dériver tous les goûts, tous les penchants, toutes les habitudes de Jean-Jacques, ses vices mêmes, et les vertus qu'il peut avoir*[4]). Auch Byron macht Don Juan zu einem stillen, in sich gekehrten Knaben und

---

[1]) Nov. 30. 1807.

[2]) *En peu de temps j'acquis non-seulement une extrême facilité à lire et à m'entendre, mais une intelligence unique à mon âge sur les passions.*
Conf. I.

[3]) *Mon enfance ne fut point d'un enfant; je sentis, je pensai toujours en homme.* Conf. II.

[4]) 2. Dial.

spricht von sich selbst, wenn er ihn für einen Liebhaber erklärt von: *Those lonely walks and lengthening reveries*[1]). Ja, *those lonely walks* waren es, während derer die *reveries* vor allem gepflegt wurden: die Einsamkeit war es, die beide sehr jung aufsuchten. Dazu veranlasste sie aber noch ein anderer Grund, der in ihrer Körperbeschaffenheit lag. *Je naquis infirme et malade*, sagt Rousseau von sich, *ma naissance fut le premier de mes malheurs;* auch für Byron war sie dies, beide brachten ihr Verhängnis mit zur Welt, ein unheilbares Gebrechen. Hören wir darüber Rousseau: *J'étais né presque mourant; on espérait peu de me conserver. J'apportais le germe d'une incommodité que les ans ont renforcée, et qui maintenant ne me donne quelquefois des relâches que pour me laisser souffrir plus cruellement d'une autre façon*[2]).

Was nun Byrons Lahmheit anlangt, welche schmerzlichen Gefühle erweckte sie von Jugend an in ihm! Bei beiden war so ihr körperliches Leiden von einem grossen Einfluss auf die Entwickelung ihres Geistes und Gemüts; früh wurden sie verbittert und reizbar, früh mieden sie die Menschen und trauerten in Einsamkeit über ihr Geschick[3]). Ein dritter Grund zu ihrer Neigung allein zu sein lag in ihrer Schüchternheit, Rousseau spricht zu wiederholten Malen in den Confessions von *ma sotte et maussade timidité que je ne pouvais vaincre*, und Moore erwähnt in seiner Biographie ebenso oft das scheue, zurückhaltende Wesen Byrons: *the original shyness of his nature never ceased to hang about him ... that self-distrust and bashfulness which had marked him as a boy, and which never entirely forsook him through the whole of his career*[4]).

Sie waren und fühlten sich früh vereinsamt, die wenigen Herzensfreunde ihrer Jugend wurden ihnen teils durch die Umstände, teils durch den Tod entzogen; über ihr

---

[1]) D. J. I. 97. [2]) Conf. I.
[3]) Ihre melancholische Stimmung liess sie sogar beide an einen frühen Tod glauben. cf. Ap. 38. 39.
[4]) M. II. 405. cf. Ap. 17—20.

Verlassensein führen sie deshalb beide, besonders aber Byron, bittere Klage¹). In der That, lieblos und freundlos war ihr Eintritt in die Gesellschaft²). So zogen sie sich denn naturgemäss in sich selbst zurück, so schufen sie sich eine innere Welt, in der sie das fanden, was ihnen die äussere versagte; *those lonely walks and lengthening reveries*, sie waren es, in denen ihr dichterischer Genius zuerst erwachte:

> *Young Juan wander'd by the glassy brooks,*
> *Thinking unutterable things: he threw*
> *Himself at length within the leafy nooks*
> *Where the wild branch of the cork forest grew:*
> *There poets find materials for their books,*
> *And every now and then we read them through*³).

Stundenlang, tagelang schweifte Rousseau allein in der Umgegend von Genf umher, am Gestade des schönen Sees; verschiedene Male verspätete er sich am Abend und fand die Thore der Stadt schon geschlossen. *His love of solitary rambles and his taste for exploring in all directions* hatte also Byron mit Rousseau gemein, *they led him not unfrequently so far, as to excite serious apprehensions for his safety*⁴).

Aber nicht allein das Streben nach Einsamkeit veranlasste sie zu solchen Spaziergängen, sondern auch ihre ausserordentlich früh entwickelte Liebe zur Natur; die landschaftlichen Schönheiten der Schweiz und Schottlands waren es, welche dieselbe zuerst in ihnen erweckten, besonders fand dieselbe Nahrung während Rousseaus Aufenthalt in Bossey, und Byrons in Ballatrich⁵); sie denken noch oft an diese Orte zurück; die Zeit, welche sie dort verlebt, gehört zu den angenehmsten Erinnerungen ihrer Jugend. Gleichsam als wenn die Vorsehung in ihnen von vornherein die Dichter ausbilden wollte, die einst mit vollendeter Kunst, ja, in einem neuen ungeahn-

---

¹) *And none did love him.* Ch. H. I. 9.
²) cf. Ap. 1—7.   ³) D. J. I. 90.   ⁴) M. I. 19.
⁵) *From this period I date my love of mountainous countries.* Byron, M. I. 19. cf. Ap. 8.

ten Stile die Schönheiten der Natur malen und preisen sollten, liess sie beide eine vielbewegte Jugend durchleben, in der sie reichlich Gelegenheit fanden, sich an diesen Schönheiten zu erfreuen und dieselben in sich aufzunehmen.

Um von ihrem jugendlichen Wanderleben einen Begriff zu geben, brauchen wir nur einige der Haupt-Etappen aus demselben zu nennen; bei Rousseau: Genf, Bossey, Annecy, Turin, Lyon, Freiburg, Lausanne, Neufchâtel, Solothurn, Paris, Lyon, Chambéry, Venedig; bei Byron: Aberdeen, Ballatrich, Newstead, London, Harrow, Cambridge, Southwell, ein halbes Dutzend Badeorte und dann — *last not least* — die auf seiner *Pilgrimage* besuchten Gegenden.

In der That, eine Pilgerfahrt war ihre Jugend im eigentlichsten Sinne des Wortes, ein Streben nach einem fernen Ziel, eine Vorbereitung auf etwas Hohes und Schönes, auf ihren zukünftigen Dichterberuf. Ausserordentlich beweglichen Temperaments hielten sie es nie lange an einem und demselben Orte aus, sie waren wahre Wandervögel und sich selbst dieser Eigenschaft vollkommen bewusst, sie haben oft in ihren Schriften Gelegenheit genommen, diese ihre Neigung zu erwähnen und das Wanderleben zu preisen[1].

---

[1] *J'aime à marcher à mon aise, et m'arrêter quand il me plaît. La vie ambulante est celle qu'il me faut. Faire route a pied par un beau temps, dans un beau pays, sans être pressé, et avoir pour terme de ma course un objet agréable; voilà de toutes les manières de vivre celle qui est le plus de mon goût.*   Rousseau.

All that I am afraid of is, that I shall contract a gipsylike wandering disposition, which will make home tiresome to me: this I am told is very common with men in the habit of peregrination, and, indeed, I feel it so.
     to his Mother. Constantinople 1810.

For some time he had entertained thoughts of going again abroad; and it appeared, indeed, to be a sort of relief to him, whenever he felt melancholy or harassed, to turn to the freedom and solitude of a life of travel as his resource.   M. I. 295.

Rousseau schrieb seine Rêveries d'un *Promeneur solitaire* und Byron nennt sich selbst einen *solitary traveller*[1], *Lara* einen *erring spirit*[2]. Das Herumstreifen in der Natur ist ihnen ein Hochgenuss[3], ist ihnen wahres Leben[4], das Reisen ist nach ihrer Meinung von hoher Bedeutung, ja von dringender Notwendigkeit für die geistige Entwickelung eines Menschen. *Je tiens*, sagt Rousseau, *pour maxime incontestable que quiconque n'a vu qu'un peuple, au lieu de connaître les hommes, ne connaît que les gens avec lesquels il a vécu*[5]. Er schreibt eine ganze Abhandlung, betitelt *Des voyages*[6], in der er alle Vorteile des Reisens auseinander setzt, es für eine notwendige Ergänzung der Jugenderziehung erklärt, dem ja auch Byron zustimmt, wenn er sagt: *I am so convinced of the advantages of looking at mankind instead of reading about them, and the bitter effects of staying at home with all the narrow prejudices of an islander, that I think there should be a law amongst us, to set our young men abroad, for a term*[7]. *If I do not travel now, I never shall, and all men should one day or other... If we see no nation but our own, we do not give mankind a fair chance: — it is from experience, not books, we ought to judge of them*[8]. Das erste und für lange Zeit einzige Buch,

---

[1] to Moore. Aug. 22. 1813.

[2] Lara I. 18. Dante einen *wanderer while even wolves can find a den*. Proph. I.

[3] *Cette vie oisive et contemplative me devient chaque jour plus délicieuse. Errer seul sans fin et sans cesse parmi les arbres et les rochers, rêver ou plutôt extravaguer à mon aise; me livrer sans gêne à mes fantaisies, voilà pour moi la suprême jouissance.*
L. à de Mirabeau. 31. janv. 1767.
J'ai des journées délicieuses, errant sans souci, sans projet, sans affaires, de bois en bois et de rochers en rochers, rêvant toujours et ne pensant point. L. à Mme La C. de B. 26. août 1764.

[4] *Jamais je n'ai tant pensé, tant existé, tant vécu, tant été moi, si j'ose ainsi dire, que dans les voyages que j'ai faits seul et à pied.*
Conf. IV.

[5] Ém. V.   [6] Ém. V.

[7] to Mrs. Byron. Jan. 14. 1811.

[8] to Mrs. Byron. Nov. 2. 1808.

welches Rousseau Émile in die Hand giebt, ist *Life and surprising adventures of Robinson Crusoe*; das Buch, welches ‚Sophie immer und immer wieder liest, ist *Les aventures de Télémaque:* beides abenteuerliche Reiseschilderungen.

Rousseau und Byron reisen viel und demnach auch ihre Helden. Wir erinnern nur an Childe Harolds und Don Juans Fahrten, aber auch Rousseau lässt Émile Jahre lang im Lande umherreisen, um sich zu bilden, um Land und Leute kennen zu lernen, vor allem auch um sein Mädchenideal zu suchen; und als endlich Sophie gefunden ist, lässt er ihn noch zwei Jahre lang reisen, um sich vorzubereiten, ihr ein würdiger Gatte zu sein[1]). Später (in Émile et Sophie ou les Solitaires) lässt er seine Zöglinge schuldig und unglücklich werden, Sophie dann den Seelenfrieden suchen in treuer Hingabe an ihr Kind, Émile in einem unstäten Wanderleben. Wie Childe Harold treibt Émile eigene Schuld in die Fremde, wie auch der Hass gegen die verderbten Kulturverhältnisse, welche diese Schuld verursacht haben[2]). Wie Don Juan gerät er in die Gewalt von Korsaren, wird als Sklave verkauft und erlebt eine Anzahl Abenteuer zu Wasser und zu Lande[3]). Es

---

[1]) Die Reisen sind eben nicht zwecklos, Rousseau verteidigt gegen diesen Vorwurf *ces pélerinages qu'on eût blâmés dans le monde comme a vie d'un vagabond* (Émile et Sophie II). Wir bemerken, dass er hier die Reisen Émiles mit demselben Ausdruck bezeichnet, den Byron denjenigen Childe Harolds gegeben.

[2]) *Had I but sooner learnt the crowd to shun,*
I had been better than I now can be. To Augusta.
Company, villainous company, hath been the spoil of me.
Journal. Nov. 14. 1813.

[3]) D. J. IV u. V. Rousseau lässt auch Saint-Preux reisen und zwar, um den ewigen Gedanken an eine schmerzenvolle Vergangenheit und an eine unglückliche Liebe in einem Leben voll Wechsel und Thätigkeit zurückzudrängen; er lässt ihn sogar (seltsamer Zufall!), eine Weltreise machen, die der Grossvater Byrons ebenfalls mitgemacht hat; in der Nouvelle Héloïse III. 25 macht Milord Édouard Bomston seinem jungen Freunde den Vorschlag zu dieser Reise: *Vous savez qu'on vient d'armer à Plimouth une escadre de cinq vaisseaux de guerre, et qu'elle est prête à mettre à la voile. Celui qui doit la commander est M. George Anson, habile et vaillant*

liegt uns fern, die kleine flüchtige Skizze Émile et Sophie[1]) irgendwie einem so gewaltigen, umfangreichen Werke wie Don Juan gleichwertig an die Seite zu stellen, aber wenn es unsere Aufgabe ist, nach allen übereinstimmenden Punkten zu forschen, die sich im Leben und in den Werken Rousseaus und Byrons finden, so dürfen wir diese Übereinstimmung, die sich sogar auf die Orte erstreckt — denn die Scenen in beiden Werken spielen meist auf dem Mittelmeer und in den Mittelmeerländern — nicht übergehen. Sie ist sehr bezeichnend, vor allem zeugt sie davon, wie den Helden Rousseaus und Byrons und ihnen selbst ein freies, ungebundenes Wanderleben, fern von den beengenden Verhältnissen moderner Kulturstaaten und der Schablonenbildung moderner Gesellschaftskreise, über alles ging.

Aber diese Gemütsanlage machte sie selbst auch von vornherein wenig geeignet für solche Gesellschaftskreise, und als sie nun nach einer Jugend, die so viele ungesellige Eigenschaften in ihnen entwickelt hatte, in die Gesellschaft eintraten, sahen sie bald, dass sie nicht für die Gesellschaft und die Gesellschaft nicht für sie geschaffen. Zunächst war ihre Ungebundenheit daran schuld, in keiner Weise konnten sie sich einen Zwang auferlegen. *Je n'ai jamais été vraiment propre à la société civile,* sagt Rousseau, *où tout est gêne, obligation, devoir et mon naturel indépendant me rendit toujours incapable des assujettissements nécessaires à qui veut vivre avec les hommes*[2]), und Byron sagt von Childe Harold und von sich:

... *untaught to submit*
His thoughts to others ...
He would not yield dominion of his mind
To spirits against whom his own rebell'd[3]).

---

officier, mon ancien ami. Elle est destinée pour la mer du Sud, où elle doit se rendre par le détroit de Le Maire; et en revenir par les Indes Orientales. Ainsi vous voyez qu'il n'est pas question de moins que du tour du monde

[1]) Sie blieb, wie Don Juan, ein Fragment.
[2]) 6. Prom.   [3]) Ch. H. III. 12.

Diese Ungebundenheit, oder vielmehr Eigenwilligkeit und Absonderlichkeit, erstreckte sich sogar auf Äusserlichkeiten, auf ihr Benehmen in der Gesellschaft, auf ihre Kleidung. Sagen wir hier zunächst einige Worte über ihre äussere Erscheinung.

Von Jugend an waren sie schöne Menschen gewesen und hatten dadurch auf ihre Mitmenschen einen Eindruck gemacht, dessen sie sich schon früh sehr wohl bewusst wurden. Rousseau beschreibt sich folgendermassen: *J'étais au milieu de ma seizième année. Sans être ce qu'on appelle un beau garçon, j'étais bien pris de ma petite taille; j'avais un joli pied, la jambe fine, l'air dégagé; la physionomie animée, la bouche mignonne, les sourcils et les cheveux noirs, les yeux petits et même enfoncés, mais qui lançaient avec force le feu dont mon sang était embrasé*[1]); ebenso beschreibt Byron Don Juan in demselben Alter:
Young Juan now was sixteen years of age,
Tall, handsome, slender, but well knit[2]);
er nennt ihn: *a charming child*[3]), *a fine boy*[4]). Als sie ins Mannesalter traten, behielten sie diese ihre Schönheit, und die Bildnisse, die wir von ihnen besitzen, lassen dieselbe noch deutlich erkennen, wenn sie durch zeitgenössische Zeugnisse nicht schon genügend bewiesen wäre. Hume sagt von Rousseau: *M. Rousseau est de petite taille et a la physionomie la plus fine du monde, je veux dire la contenance la plus expressive,* und der Prince de Ligne beschreibt den Ausdruck seiner Augen mit den Worten: *Ses yeux étaient comme deux astres, son génie rayonnait dans ses regards et m'électrisait*[5]). Von Byrons äusserer Erschei-

---

[1]) Conf. II.   [2]) D. J. I. 54.
[3]) D. J. I. 49.   [4]) D. J. I. 50.

[5]) Rousseau war allerdings kurzsichtig (er lässt deshalb auch Saint Preux kurzsichtig sein: *J'avais la vue trop courte pour le service.* N. H. I. 34), aber das hatte auf die Ausdrucksfähigkeit der Augen keinen Einfluss. Diese Kurzsichtigkeit Rousseaus benutzt nun Byron, der sehr gute Augen hatte, um sich mit ihm in einen Gegensatz zu stellen: *he was also shortsighted and hitherto mine eyes have been the contrary.* (M. I. 117). Das heisst doch einen Gegensatz an den Haaren herbeiziehen!

nung giebt uns Moore einen Bericht[1]), auch er hebt die ausserordentliche Ausdrucksfähigkeit von Byrons Antlitz hervor: *Of his face, the beauty may be pronounced to have been of the highest order, as combining at once regularity of features with the most varied and interesting expression* [2]*).*

Beide hatten dunkles Haar[3]), eine blasse Gesichtsfarbe[4]) und eine hohe Stirn, die bei Rousseau (wie Zeitgenossen bedauern) leider durch die Perrücke teilweise verdeckt wurde. Ihre Hauptschönheit lag aber in den Linien ihres Mundes, wie nur natürlich ist, da der Mund es ist, auf dem alle Gemütsbewegungen sich am unmittelbarsten abmalen, und Rousseau und Byron vor allem Gemütsmenschen waren: denn das erste, was einem auffällt, und was man sich sagt, wenn man ihre Bildnisse betrachtet, ist: dies sind „*men of feeling*"*!*[5])

Soviel über ihre äussere Erscheinung und den Eindruck, den sie durch dieselbe auf ihre Zeitgenossen machten. Sie suchten diesen aber noch durch wenig billigenswerte Mittel, die ihnen die Eitelkeit eingab, zu verstärken, sie übertrugen auch in den Verkehr mit der Gesellschaft ihr träumerisches Wesen, sie suchten sich durch die Kleidung auszuzeichnen, sie wollten immer etwas Besonderes sein und sich als solches zeigen. Rousseau erscheint bei der Aufführung seines *Devin du Village* im Hoftheater, in

---

[1]) M. II. 513.

[2]) M. II. 512. Byron selbst sagt von sich im Fragment: *The expressions of his features would vary to rapidly, though slightly, that it was useless to trace them to their sources.*

[3]) dark brown curls (M. II. 513), *les sourcils et les chéveux noirs* (Conf. II).

[4]) Dies ist von Byron wohlbekannt, aber auch Rousseau sagt von sich: *ce teint pâle, cet air mourant.*　　　　　　　　　　2. Dial.

[5]) Aber nicht allein *men of feeling*, sondern *men of passion!* Leidenschaft ist es, was aus ihrem Antlitz uns entgegenleuchtet; bei dem jüngeren, bei Byron, die grosse, freie, aus sich heraustretende, alle Schranken siegreich durchbrechende, alles vor sich niederreissende Leidenschaft, bei dem anderen, dem älteren, das nicht minder gewaltige, aber in sich gekehrte, düstere, zurückgedrängte, sich selbst verzehrende Feuer.

einem alten, vertragenen Rock, unrasiert und mit ungeordneter Perrücke, später trägt er mitten in Paris armenische Kleidung, ungeachtet dass er dadurch die Strassenjungen hinter sich herzieht. Byron liebte ebenfalls auffallende bunte Kleidung, er trug auf seiner Pilgerfahrt bald eine rote Uniform, bald griechisches Nationalkostüm[1]), in Italien war seine Kleidung geschmacklos und nachlässig, in Kephalonia trug er einen grünen Militärfrack Trelawnys und in Missolunghi wieder seine rote Uniform. So sehr es ihnen darauf ankam, durch solche Absonderlichkeiten die allgemeine Aufmerksamkeit der Gesellschaft zu erregen, so schlecht waren doch diese Mittel gewählt, sich die Achtung derselben zu verschaffen.

Zu den vielen Umständen, die dazu beitrugen, sie mit der Gesellschaft schlecht zu stellen und schliesslich den Bruch mit ihr herbeizuführen, gehörten aber vor allem ihre Schriften und schliesslich, das gab den Ausschlag, ihr Verhältnis zu den Frauen.

Durch unsere ganze Arbeit hindurch werden ihre Werke erwähnt und wird ihr Inhalt vergleichsweise von uns herangezogen. Hier haben wir deshalb über dieselben nur einige allgemeine Bemerkungen zu machen und den Einfluss zu erwähnen, den dieselben auf ihr Leben gehabt.

Das Alter, in dem beide Männer standen, als sie ihre ersten Werke der Öffentlichkeit übergaben, ist sehr verschieden, und Byron hebt diesen Unterschied mit den Worten hervor: *he published his first work at forty;*

---

[1]) Wie sie südländische und orientalische Kleidung liebten, so fühlten sie sich im allgemeinen nach dem Süden und Osten hingezogen. Wie Rousseau die armenische Kleidung liebte, so lernte Byron in Venedig die armenische Sprache. Seine Pilgerfahrt wollte er zuerst nach Persien unternehmen, wie Rousseau zuerst die Scenen der N. H. nach dem Osten, nach Thessalien verlegen wollte, demnächst entschloss er sich für die borromäischen Inseln und schliesslich erst für Vevay! Byron hatte verschiedene Male die Absicht, sich dauernd im Orient niederzulassen (cf. Ap. 23—25.)

I mine at eighteen[1]). Aber bei näherer Betrachtung müssen wir zunächst das Veröffentlichen für etwas Nebensächliches, rein Äusserliches erklären; was dann das Verfassen von Werken anlangt, so hat Rousseau sich damit schon in gleich jugendlichem Alter beschäftigt, wie Byron. In der Vorrede zu seinem *Narcisse ou l'amant de lui-même* sagt er, dass er dies Lustspiel schon mit 18 Jahren geschrieben habe, und schon vorher versuchte er in Chambéry eine tragische Oper zu komponieren: *Iphis et Anaxorète;* durch seine ganze Jugend hindurch begleiteten ihn dichterische und schriftstellerische Versuche, aber er fand niemand, der, wie Mr. Beecher es bei Byron that, ihm mit verständigem Rat bei diesen Versuchen zu Hülfe gekommen wäre. Was übrigens die Reife ihres Geistes und Herzens anlangt, als sie ihr erstes Werk veröffentlichten, so waren sie in Bezug hierauf gleichalterig — gleich jung und gleich alt. Rousseau war noch jung: *Tandis que son corps vieillit et se casse, son cœur reste jeune toujours; il garde encore les mêmes goûts, les mêmes passions de son jeune âge; et jusqu'à la fin de sa vie, il ne cessera d'être un vieux enfant*[2]). — Byron war in der Jugend schon alt, schon überaus reich an Erfahrungen; er schreibt an Moore: *Excuse this tedious letter. To be tiresome is the privilege of old age and absence; I avail myself of the latter, and the former I have anticipated*[3]), und sagt von sich im Fragment: *Life, which I had begun early.* So lässt er auch Childe Harold und Manfred den bitteren Kelch dieses Lebens schon in der Jugend geleert haben; Harold nennt sich:

>*Grown aged in this world of woe,*
>*In deeds, not years, piercing the depths of life*[4],

und Manfred ruft aus:

---

[1]) M. I. 118.   [2]) 2. Dial.
[3]) to Moore. Nov. 6. 1816.
[4]) Ch. H. III. 5.

Look on me! there is an order
Of mortals on the earth, who do become
Old in their youth, and die ere middle age,
Without the violence of warlike death[1]).

Seltsamerweise veröffentlichten sie auch beide ihre ersten Werke nicht aus eigenem Antriebe, sondern wurden zu einem guten Teil von Freunden dazu veranlasst. Der erste Gedanke zu dem *Discours sur les Sciences et les Arts* kam Rousseau, als er auf dem Wege von Paris nach Vincennes im Mercure de France las. Aber trotz seiner heftigen Gegenversicherungen müssen wir doch dem Manne, welchen er im Kerker zu Vincennes besuchen wollte, einen Teil des Verdienstes lassen, ihn in seinem Gedankengange ermutigt und unterstützt, und so diesem Discours zur Veröffentlichung verholfen zu haben; wenn auch Diderot seinerseits wieder, nachdem der Bruch zwischen ihm und Rousseau erfolgt war, sein Verdienst übertreibt.

Auch Byrons erste Veröffentlichung geschah auf Veranlassung von Freunden. Er hatte die Exemplare seiner *Fugitive Pieces*, und *Poems on Various Occasions* an dieselben verteilt, auf ihre Bitte fasste er nun alle seine Gedichte zusammen und gab sie unter dem Titel: *Hours of Idleness* heraus; er erzählt uns das selbst: *In fact, I never looked beyond the moment of composition, and published merely at the request of my friends*[2]).

Wenn wir vorher den Discours sur les Sciences et les Arts das erste Werk Rousseaus nannten, so ist es allerdings dasjenige gewesen, welches zuerst allgemein bekannt wurde und zuerst einen durchschlagenden Erfolg gehabt hat; vorher hatte er indes schon andere Werke verfasst: kleine Opern und Komödien[3]); ferner ein System erfunden, das Ziffern statt der Noten setzte. So

---

[1]) Manfr. III. 1.

[2]) to Mr. Bankes. March. 6. 1807.

[3]) Komödien: *Narcisse, L'Engagement téméraire;* Opern: *Iphis et Anaxorète, La Dècouverte du Nouveau Monde* (beides nur Versuche), *Les Muses galantes, Le Devin du Village.*

waren es also bei ihm, wie bei Byron, wenig charakteristische Werke, durch die er sich zuerst bekannt machte Byrons Hours of Idleness haben ausserordentlich wenig mit den eigentlichen Werken seines Genius gemein, und der wahre Rousseau ist ebensowenig in jenen Operetten, wie der wahre Byron in den Hours zu finden. Deshalb hatten sie auch mit ihren Erstlingswerken wenig Erfolg. Rousseaus Gesangspiele erlebten nur wenige Aufführungen und fanden wenig Freunde, sein Ziffernsystem, später gedruckt unter dem Titel: Projet concernant de nouveaux signes de musique, wurde von der ersten musikalischen Autorität Frankreichs, von Rameau, gänzlich verworfen[1]); Byrons Hours erfuhren in der Edinburgh Review eine vernichtende Kritik. Das war ein schwerer Schlag für beide, aber beide richteten sich gegen ihn gewaltig auf, sie fühlten sich zurückgesetzt und ungerecht behandelt[2]). Rousseau appellierte an das Publikum gegen die gehässige Beurteilung Rameaus, er schrieb seine Lettre sur la musique française, dann seine Dissertation sur la musique moderne. Aber Rameau ist es schon nicht mehr allein, den er angreift, er straft mit seiner Verachtung die ganze Musik seiner Landsleute, ja er leugnet, dass überhaupt Frankreich eine Musikgeschichte habe, dass es überhaupt irgend ein hervorragendes Werk auf diesem Gebiete geschaffen! — Das gleiche Selbstbewusstsein, das gleiche Erhabensein über jede Kritik[3]), dieselbe Verachtung für das, was die Zeitgenossen auf dem Gebiete geleistet, auf dem er selbst von ihnen getadelt worden, finden wir bei Byron. Er schreibt

---

[1]) Wie wenig hat Byron deshalb Recht, wenn er bei seinem Vergleich mit Rousseau sagt: *his first essay brought him universal applause; mine the contrary* (M. I. 117). Rousseaus *first essays* waren eben nicht seine Discours, sondern seine dramatischen und musikalischen Werke!

[2]) *I recollect the effect on me of the Edinburgh on my first poem; it was rage, and resistence, and redress — but not despondency nor despair.*
to Shelley. Apr. 28. 1821.

[3]) *Les critiques ne conviennent qu'aux gens sans talent, incapables de rien produire d'eux-mêmes, et qui ne savent chercher de la réputation qu'aux dépens de celle d'autrui.* L. à M . . . 1. mars 1763.

seine English Bards and Scotch Reviewers, und kein Zeitgenosse, der Anspruch erheben konnte auf litterarischen Ruhm, bleibt in ihnen verschont; wie Rousseau macht er seine persönliche Angelegenheit zu einer öffentlichen, wie Rousseau beklagt er sich wie ein Unterdrückter, rächt sich wie ein Geopferter; nur mit grösserem Stolze gehen sie beide aus der Erniedrigung hervor, zu der man sie hat verdammen wollen[1]), nur mit doppelter Kraft streben sie danach, sich gleichberechtigt an die Seite der Ersten zu stellen. Das gelang ihnen und zwar bald. Auf die Erniedrigung folgte die Erhöhung. Rousseau schrieb seinen Discours sur les Sciences et les Arts und Byron seinen Childe Harold. Im Sturm bemächtigten sie sich durch diese Werke aller Herzen; solche Sprache in solcher Kraft und Leidenschaft, einen solchen unaufhaltsamen Strom glühender Beredsamkeit hatte man noch nicht gehört; in einem Augenblick waren sie die gefeiertsten Männer der Gegenwart[2]). Diderot schrieb über den Erfolg des ersten Discours: *Il prend tout au-dessus des nues, il n'y a pas d'exemple d'un succès pareil!* und Byron sagte mit Recht von sich: *I awoke one morning and found myself famous.* Man drängte sich an sie heran, man zog sie in die ersten Gesellschaftskreise, und sie selbst, bezaubert von einem solchen Erfolge, nahmen (was sie selbst später bitter bedauerten) teil an dem aufregenden und aufreibenden Treiben des grossstädtischen Lebens. Wir haben schon darauf hingewiesen, wie wenig sie sich für dasselbe eigneten. Ihre Schriften thaten ebenfalls das ihrige dazu, den Pakt zwischen ihnen und der Gesellschaft nicht lange dauern zu lassen. Rousseau setzte den Ton des Angriffs, der im Discours sur les Sciences et les Arts[3]) herrscht, fort in seinem Discours sur l'Inégalité, in der Nouvelle Héloïse, im Contrat, im Émile, kurz in jedem seiner Werke.

---

[1]) cf. Ap. 28.
[2]) *They made me a species of popular idol.* to Murray. Apr. 6. 1819.
[3]) Voltaire nannte die Schrift *le premier écrit de Rousseau contre le genre humain.*

Byron sprach seine Unzufriedenheit mit den zeitgenössischen Verhältnissen aus in den Hints from Horace, im Waltz, in der Vision of Judgment, im Age of Bronze, besonders im Don Juan; aber dieselbe klingt auch bei ihm in allen Werken durch. Ein anderes wichtiges und verhängnisvolles Hindernis für sie, mit der Gesellschaft in ein richtiges Verhältnis zu kommen, war, wie wir schon angedeutet, ihre Stellung zu den Frauen; mit Absicht haben wir von derselben noch nicht gesprochen, um alles, was in dies Kapitel gehört, zusammenhängend darzustellen.

Wir hatten gesehen, wie sie ungewöhnlich früh Liebesgedanken hegten; mit ihrem Alter entwickelte sich auch diese ihre Neigung mehr und mehr und um so freier, weil niemand da war, der dieselbe in Schranken hielt. *J'eus toujours le cœur un peu romanesque*, sagt Rousseau[1]) und nennt die Liebe: *ce feu dévorant dont depuis mon enfance je sentais en vain consumer mon cœur*[2]). Ebenso Byron: *My o'er fervent youth*[3]). *My young days of passion*[4]). *He was a full-grown Cupid*[5]). *Untaught in youth my heart to tame my springs of life were poisoned*[6]).

Waren sie mit solcher Gemütsanlage ausgestattet, so musste die Liebe in ihrem Leben eine überaus wichtige Rolle spielen; sie hat es in der That gethan und beide waren sich dessen bewusst. Sie konnten beide mit Sardanapalus (I. 2) sagen:

my life is love. [7])

---

[1]) L. à Mme. B. 17 août 1770.   [2]) Conf. IX.
[3]) Werner I 1.   [4]) Ch. H. III. 4.
[5]) D. J. XIV. 41.   [6]) Ch. H. III. 7.

[7]) *Je n'ai jamais connu d'autre bonheur dans la vie que celui d'aimer et d'être aimé.*   Rousseau.

L'amour, l'amitié, les deux idoles de mon cœur.   Conf.

Of all the qualities, indeed, of his nature, affectionateness seems to have been the most ardent and most deep. A disposition on his own side, to form strong attachments and a yearning desire after affection in return, were the feeling and the want that formed the dream and torment of his existence.
    M. I. 136.

With more capacity for love than earth
Bestows on most of mortal mould and birth.   Lara I, 18.

So wahr wie Rousseau von sich selbst spricht, wenn er Julie an Saint-Preux (den er mit Absicht und nach offenem Geständnis nach seinem eigenen Bilde gezeichnet hat) die Worte schreiben lässt: *Je vois, mon ami, par la trempe de nos âmes et par le tour commun de nos goûts, que l'amour sera la grande affaire de notre vie* [1]), so wahr ist Byron, wenn er sagt: *In that word (love) is comprised my existence here and hereafter* [2]). Die Zeugnisse strömen uns wahrhaft zu, die uns beweisen, wie sehr sie in diesem Punkte übereinstimmen; nur zwei der bedeutsamsten wollen wir hier anführen. Einfach und dabei ergreifend, fasst Rousseau sein Schicksal in die Worte zusammen: *L'épée use le fourreau, dit-on quelquefois. Voilà mon histoire. Mes passions m'ont fait vivre, et mais passions m'ont tué* [3]). Denselben Gedanken spricht Byron in schöner poetischer Form und in einem schönen poetischen Bilde folgendermassen aus:

> *As the ivy and oak, in the forest entwined,*
> *The rage of the tempest united must weather,*
> *My love and my life were by nature design'd*
> *To flourish alike, or to perish together.* [4])

Um so liebebedürftiger sie nun waren, einen um so nachteiligeren Einfluss musste es auf sie haben, dass sie keinen Gegenstand fanden, der dieser ihrer Liebe entsprach, der ihnen hierin Gleiches für Gleiches geben, der ihre hingebende Liebe mit gleicher Hingabe erwidern konnte. Unter den Liebesverhältnissen, in denen ihr Herz Befriedigung suchte und nicht fand, sind zwei hervorzuheben wegen des Eindrucks, den dieselben in ihren Werken hinterliessen: Rousseaus Verhältnis zu Mlle Galley und Byrons zu Mary Chaworth. Das erste war mit die Veranlassung zur Nouvelle Héloïse, das zweite die zum Dream, beide sind die tiefempfundensten Werke der beiden Dichter. In der That, ein Traum war ihr Verhältnis zu den beiden Mädchen, nur wenige Tage bzw. Wochen hatten sie mit ihnen verkehrt, aber dennoch ging dieser Traum fast durch

---
[1]) N. H. I. 35. [2]) Moore II. 122. [3]) Conf. V. [4]) To Anne, 1807.

ihr ganzes Leben hindurch. In allen Lebenslagen waren sie treu dem Ideal, das sie sich einmal geschaffen. Immer und immer wieder versetzten sie sich zurück in jene Zeit, wo sie die Gegenwart jener Mädchen genossen. Rousseau berichtet ausführlich in den Confessions, wie die Erinnerung an Mlle Galley und die heisse Liebe, welche sie ihm eingeflösst, ihn die Gestalt von Julie habe schaffen lassen [1]), und der ganze „Dream" sagt uns nur, wie die Unmöglichkeit sich von dem Gedanken an ein einmal geliebtes Wesen loszureissen eine der hervorragendsten Eigenschaften Byrons war. Beide knüpften allerdings später noch andere Verbindungen mit Frauen an, aber bei alledem blieben doch *„la romanesque journée de Toune"* und die wenigen kurzen Sommerwochen in Annesley unverändert im Hintergrunde ihrer Seele stehn.

Wie sie selbst, so auch ihre Helden. Auch diese stimmen darin überein, dass sie treu bleiben bis in den Tod. So zeigt St. Preux Julie in Meillerie ihre Namenszüge, die von ihm unzählige Male in den Fels gegraben sind, und nennt dieselben *les anciens monuments d'une passion si constante et si malheureuse* [3]), so verwirft er später ihren Vorschlag, ihre und seine Freundin Claire zu heiraten und erwidert ihr: *Grâces, beauté, mérite, attachement, fortune, tout concourrait à ma félicité; mon cœur, mon cœur seul empoisonnerait tout cela, et me rendrait misérable au sein du bonheur.* [4])

---

[1]) *La romanesque journée de Toune, passée avec tant d'innocence et jouissance entre ces deux charmantes filles (Galley et Graffenried), m'avait laissé des regrets si vifs, si touchants, si durables, tous ces ravissants délires d'un jeune cœur, que j'avais sentis alors dans toute leur force.*

Conf. VIII.

[2]) ... he ...
Had sigh'd to many though he loved but one,
And that loved one, alas! could ne'er be his.

Ch. H. I. 5.

Le premier et unique amour qui fit le destin de ma vie et que rien n'a pu vaincre. N. H. VI. 7.

[3]) N. H. IV. 17.   [4]) N. H. VI. 7.

Zwölf Jahre nach den ersten Tagen ihrer Liebe schreibt er ihr noch: *Nos amours, nos premières et uniques amours ne sortiront jamais de mon cœur. La fleur de mes ans ne se flétrira point dans ma mémoire. Dussé-je vivre des siècles entiers, le doux temps de ma jeunesse ne peut ni renaître pour moi, ni s'effacer de mon souvenir.*[1]) — *O Julie! il est des impressions éternelles que le temps ni les soins n'effacent point.*[1]) Und Julie? Sie schreibt ihrem Jugendgeliebten noch von ihrem Sterbebette, dass trotz ihrer Ehe mit Wolmar, trotzdem es ihre Pflicht gewesen, ihre Liebe zu ihm zu unterdrücken und trotzdem sie das aus allen Kräften gethan, diese Liebe zu ihm doch nie erloschen sei; Julie ist so zu sagen wider ihren Willen liebestreu; ihre letzten Worte sind *St. Preux! cher St. Preux!* Wenn man gelesen, mit welchen Anstrengungen Julie gegen ihre Neigung angekämpft, so sind diese letzten Worte unendlich ergreifend, so sind sie eine wahre Apologie der Liebestreue.

Auch fast alle Helden und Heldinnen Byrons zeichnen sich durch diese Eigenschaft aus. Der Giaur, Selim, Conrad und Lara sind Muster davon, Childe Harold bewahrt das Andenken seiner ersten, einzig wahren und unglücklichen Liebe, ebenso Don Juan; dieser verlässt seine Geliebten nicht aus Leichtsinn und Flatterhaftigkeit, sondern gezwungen von seinem Geschick, das ihn meist ohne sein Zuthun von einem Land zum andern irren lässt.

Von Byrons Heldinnen sterben eine Reihe aus Liebesgram, so Zuleika, Medora, Haidee, auch wohl Parisina; Kaled stirbt dahin auf dem Grabe Lara's; Myrrha, eine seiner schönsten und am meisten ausgeführten Frauengestalten geht in den freiwilligen Opfertod mit ihrem Geliebten. Wahrlich, beide Dichter fühlten es tief und schilderten es herrlich, wie wahre Liebe selbstvergessen und ewig ist.

---

[1]) N. H. VI. 7.

Aber das Ideal, welches sie von der Liebe hegten, war zu hoch, um in dieser Welt eine Verwirklichung zu finden; so schwankten sie denn ausserordentlich in ihrer Beurteilung der Frauen: bald erhoben sie dieselben in den Himmel und sahen in ihnen Geschöpfe einer anderen Welt, bald überschütteten sie dieselben mit der ganzen Verachtung, deren sie fähig waren[1]); bald waren sie ihre Anbeter und widmeten ihnen einen fast göttlichen Kultus, bald ihre Sklaven und fluchten denen, aus deren Banden sich zu befreien ihnen unmöglich war; die Frauen waren ihr Schicksal, das wussten sie beide: *Femmes! femmes! objets chers et funestes, que la nature orna pour notre supplice, dont la haine et l'amour sont également nuisibles, et qu'on ne peut ni rechercher, ni fuir impunément! Beauté, charme, attrait, sympathie! être ou chimère inconcevable, abîme de douleurs et de voluptés! beauté plus terrible aux mortels que l'élément où l'on t'a fait naître, malheureux qui se livre à ton calme trompeur! C'est toi qui produis les tempêtes qui tourmentent le genre humain. O Julie! ô Claire! que vous me vendez cher cette amitié cruelle dont vous osez vous vanter à moi! .... J'ai vécu dans l'orage, et c'est toujours vous qui l'avez excité*[2]).

Dasselbe sagt Byron in den wenigen und bedeutungsvollen Worten: *I have been their martyr; my whole life has been sacrificed to them and by them*[3]). Da sie nie in ein richtiges Verhältnis zu den Frauen treten konnten, immer eine schwankende, unbefriedigte Stellung ihnen gegenüber einnahmen, so ist es nur natürlich, dass sie bei der überaus reichen Phantasie, die ihnen verliehen

---

[1]) *What I love in woman is, they won't
Or can't do otherwise than lie, but do it
So well, the very truth seems falsehood to it.*
                                     D. J. XI. 36.
Femmes de Paris et de Londres, pardonnez-le moi; mais si une seule de vous a l'âme vraiment honnête, je n'entends rien à nos institutions.
                                     Ém. IV.
[2]) N. H. VI. 7.   [3]) to Moore, Dec. 10. 1819.

war, im Reiche der Träume Zuflucht suchten aus der qualenreichen Wirklichkeit: sie schufen sich Frauengestalten nach ihrem Wunsche und statteten diese aus mit allen Gaben der Schönheit des Leibes und der Seele. Die Unwirklichkeit machten sie sich zur Wirklichkeit und lebten in ihr; die Liebe wurde ihnen eine reine Illusion: *Tout n'est qu'illusion dans l'amour. Le beau n'est point dans l'objet qu'on aime, il est l'ouvrage de nos erreurs*[1]). — *O que les illusions de l'amour sont aimables*[2])! — *L'amour n'est qu'illusion; il se fait, pour ainsi dire, un autre univers; il s'entoure d'objets qui ne sont point, ou auxquels lui seul a donné l'être*[3]).

> *Oh Love! no habitant of earth thou art —*
> *An unseen seraph, we believe in thee, —*
> *A faith whose martyrs are the broken heart, —*
> *But never yet hath seen, nor e'er shall see*
> *The naked eye, thy form, as it should be;*
> *The mind hath made thee, as it peopled heaven,*
> *Even with its own desiring phantasy,*
> *And to a thought such shape and image given,*
> *As haunts the unquench'd soul — parch'd — wearied — wrung — and*
> *[riven*[4]).
> *Of its own beauty is the mind diseased,*
> *And fevers into false creation*[5]).

Wer indessen die Wirklichkeit verachtet und sich im Geiste von ihr loslöst, kann doch nie ganz auf sie verzichten, so lange er auf Erden lebt, und was er ihr an Verachtung giebt, das giebt sie ihm an Enttäuschungen und Herzensqualen wieder zurück. So erging es auch Rousseau und Byron in Bezug auf ihr Verhältnis zu den Frauen. „Was unsterblich im Gesang soll leben, muss im Leben untergehn." Wer als Dichter das Ideal der Liebe in unvergänglichen Worten schildert und preist, der muss hier im Leben auf die Verwirklichung dieses seines Ideals wohl Verzicht leisten, der fühlt sich nur enttäuscht, wenn er versucht es zu verwirklichen. Aber beide glaubten das nicht, beide knüpften doch das Band der Liebe, das

---

[1]) Ém. V.   [2]) N. H. I. 47.   [3]) Préface de la N. H.
[4]) Ch. H. IV. 121.   [5]) Ch. H. IV. 122.

für solche Geister, wie sie waren, sich meist als verhängnisvoll erweist: die Ehe.

Wenn wir für die Ehe den Ausdruck „Band der Liebe" gebrauchen, so meinen wir, dass die Ehe ein solches Band der Liebe sein sollte, bei ihnen war sie es aber nicht und wurde es auch nicht. Ganz offen gestehen beide ein, dass sie ihre Frauen aus ganz anderen Gründen heirateten, als aus Liebe. Thérèse Levasseur war ein in jeder Beziehung untergeordnetes Geschöpf, Rousseau beging ein Verbrechen an sich selbst und an ihr, als er, getrieben von einem Gefühl, das nicht den Namen Liebe verdient, sich an sie kettete. Byron heiratete, wie es scheint, aus keinem anderen Grunde, als aus Geldmangel: *That she won't love me is very probable, nor shall I love her. But on my system, and the modern system in general, that don't signify*[1]).

Dass sie so gegen die Weltordnung handelten, sollte indessen nicht ohne Bedeutung sein und ohne Folgen bleiben, ja, es wurde gerade für sie von ausserordentlicher Bedeutung. Als ihre Frauen sahen, dass ihre Männer weder vor der Ehe die Absicht gehabt hatten, noch in der Ehe den Wunsch hegten, sie als ihr zweites Selbst anzusehen, wendeten auch sie sich von ihren Gatten ab. Thérèse, die Rousseau nicht *ma femme*, sondern nur stets *ma tante* nannte, zog ihrem Jean-Jacques einen Stallknecht vor; Lady Byron fand es für gut, ihren Gatten gänzlich zu verlassen. Sie brachen beide ihren Gatten gegenüber die Treue, aber diese waren auch beide daran nicht ohne Schuld. Byron nennt seine Frau: my „moral" Clytemnestra[2]); wir haben gesehen, dass Rousseau dasselbe von seiner Frau hätte sagen können, sie war ihm aber nicht nur eine „moral" Clytemnestra, sie stand nicht

---

[1]) Denselben Gedanken lässt er von Sardanapal folgendermassen aussprechen:
I married her as monarchs wed — for state,
And loved her as most husbands love their wives.
　　　　　　　　　　　　　　　　　　Sard. I. 2.

[2]) to the Earl of B. April 6. 1823.

allein später erwiesenermassen mit seinen Feinden in Verbindung[1]), sondern man glaubte lange, dass sie ihm eine wirkliche Clytemnestra gewesen; erst die Forschung unserer Tage hat diese Meinung gänzlich beseitigt; dieselbe wird aber doch immer charakteristisch bleiben für das eheliche Verhältnis Rousseaus. Byron scheint dasselbe für sehr friedvoll gehalten zu haben, wenn er bei seinem Vergleich mit Rousseau sagt: *he married his housekeeper; I could not keep house with my wife*[2]*)*, er scheint es in Gegensatz setzen zu wollen zu seinem eigenen nichts weniger als friedvollen —, wir glauben gezeigt zu haben, wie wenig er recht hat und wie sehr er in diesem Punkte mit Rousseau übereinstimmt.

Diese Ehe-Angelegenheit war es auch, welche bei beiden für die Folgezeit, ja für die ganze übrige Zeit ihres Lebens von einer grossen und zugleich traurigen Bedeutung wurde, in Verbindung mit den früher behandelten Momenten veranlasste sie den schliesslichen vollständigen Bruch zwischen den beiden Männern und der Gesellschaft, in der sie lebten[3]). Wenig Ähnlichkeiten in ihrem Leben sind so überraschend, wie die Ähnlichkeit, welche ihre letzten Schicksale mit einander haben; wir gehen deshalb des Näheren auf dieselben ein.

Es ist schon erwähnt, wie sie beim Erscheinen ihrer ersten Hauptwerke vom Publikum über die Massen gefeiert wurden; mit einem Male änderte jedoch das Publikum seine Meinung: *Quelle inconstance*, ruft Rousseau aus, *n'ai-je pas éprouvé dans les jugements du public sur mon compte! je me suis vu dans la même année vanté, fêté, recherché, puis insulté, menacé, détesté, maudit.*[4]) *Je me vis travesti tout d'un coup en un monstre affreux tel qu'il n'en exista jamais.*[5]) Ähnlich sagt Macaulay von Byron: *He had been worshipped*

---

[1]) Wir erinnern nur an die *lapidation* zu Môtiers-Travers.

[2]) Moore I. 117.

[3]) Wir müssen allerdings bemerken, dass sie bei Rousseau nicht eine so grosse Rolle spielte, wie bei Byron.

[4]) L. à Beaumont. [5]) 8. Prom. cf. Ap. 30. 31.

with irrational idolatry. He was persecuted with irrational fury und Beaconsfield meint mit Recht, er hätte **sagen** können: *I awoke one morning and found myself infamous!*

Man belud sie allerdings mit Schmach, man raubte ihnen die Ehre, keine Schande gab es, deren man sie nicht für fähig erklärte: *Jean-Jacques si cruellement, si obstinément, si indignement noirci, flétri, diffamé.*[1]) *Les indignités dont tout la génération présente m'accable sans cesse.* [2]) *La fange où l'on le tient embourbé.*[3]) Byron hat dieser Thatsache im Marino Faliero einen Ausdruck verliehen, er lässt den Dogen von einer ähnlichen, ehrenraubenden Verleumdung getroffen werden, wie er selbst wurde:

> *I craved my country's justice on his head,*
> *The justice due unto the humblest being*
> *Who hath a wife whose faith is sweet to him,*
> *Who hath a home whose hearth is dear to him,*
> *Who hath a name whose honour's all to him,*
> *When these are tainted by the accursing breath*
> *Of calumny and scorn.*[4])
> *Does not the law of heaven say blood for blood?*
> *And he who taints kills more than he who sheds it.*
> *Is it the pain of blows, or shame of blows,*
> *That makes such deadly to the sense of man?*[5])

Wie Rousseau bezeichnet Faliero (und fast mit denselben Worten) das, was ihm begegnet, als Beleidigung und Verrat: *Rendre un homme le jouet du public et de la canaille, le rendre tellement étranger, odieux, méprisable aux hommes, qu'au lieu des lumières, de l'assistance et des conseils, il ne trouve partout qu'embûches, mensonge, trahisons, insultes.*[6])

> Doge: *Was I not injured as a husband? scorn'd*
> *As a man? reviled, degraded, as a prince?*
> *Was not offence like his a complication*
> *Of insult and of treason?*[7])

Unerhörter, unmöglicher Verbrechen klagte man sie an: *Plongé, traîné dans la fange de l'opprobre et de la diffamation; chargé à l'envi d'indignités inouies jusqu'ici parmi les hommes.*[8]) — *I was accused of every monstrous vice by*

---

[1]) 2. Dial.   [2]) 3. Prom.   [3]) 1. Dial. cf. Ap. 32—34.
[4]) Mar. Fal. I. 2.   [5]) Mar. Fal. II. 1.
[6]) 1. Dial.   [7]) Mar. Fal. I. 2.   [8]) Hist. des Dialogues.

*public rumour and private rancour.*¹) The world, which always decides justly determined that all Spain could produce nobody so blamable. My case was supposed to comprise all the crimes which could, and several which could not be committed.²) Daher denn auch die Namen, welche man ihnen beilegte; sie zeugen davon, in welchem unaussprechlichen Grade sie ihren Mitmenschen verächtlich erschienen. Rousseau sagt, dass er genannt wurde: *Le misérable; ce misérable et son caractère affreux; une âme de boue; un monstre qui fait horreur; le fléau, la honte et l'opprobre du genre humain; un monstre affreux; un scélérat aussi détestable, le plus abhorré des mortels;*³) *l'horreur de la race humaine, le jouet de la canaille.*⁴) Interessant ist es, dass auch ihm, wie später Byron Bezeichnungen gegeben wurden, die sich auf Ausschweifungen beziehen: *Un monstre chargé de crimes cachés. Cet auteur reconnu le plus crapuleux, le plus vil débauché qui puisse exister.*⁵) Byrons Character bezeichnete man mit den Namen: *Nero, Apicius, Epicurus, Heliogabalus, Henry VIII*, die gewiss Alles, was Rousseaus Schimpfwörter enthalten, reichlich bezeichnen.

Was war es aber, das man ihnen vorwarf? Was hatten sie verbrochen, dass man sie so mit Schmach überhäufte? Das war ein Geheimnis. Rousseau spricht von der *cause secrète du changement étonnant et prompt du public à mon égard*⁶), von dem *air de mystère et de réserve qu'on met à cette publication;* von den *propos mystérieux que j'ai pu saisir çà et là.*⁷) Man raunt sich das Geheimnis zu, mit Mienen und Blicken deutet man es an und so verbreitet man es, unhörbar schleicht die Schlange der Verleumdung: *A force d'outrages sanglants mais tacites, à force d'attroupements, de chuchotements, de ricanements, de regards cruels et farouches, ou insultants et moqueurs, il sont parvenus à lui*

---

¹) Pamphlet on his matrimonial affairs. M. II. 206.
²) Fragment, M. II. 315.　　³) 1. Dial.　　⁴) 1. Prom
⁵) 1. Dial.　　⁶) L. à Hume, 23 Juin 1766.
⁷) Du sujet des Dialogues.

rendre enfin la vie si douloureuse qu'il ne la puisse plus en-
durer.¹) Ganz dasselbe drückt Byron fast mit denselben
Worten in Versen aus, wenn er von sich sagt:

>From mighty wrongs to petty perfidy
>Have I not seen what human things could do?
>From the loud roar of foaming calomny,
>To the small whisper of the as paltry few,
>And subtler venom of the reptile crew,
>The Janus glance of whose significant eye,
>Learning to lie with silence, would seem true,
>And without utterance, save the shrug or sigh,
>Deal round to happy fools its speechless obloquy.²)

Alle sprachen von dem verleumderischen Geheimnis, es war ein offenes Geheimnis, nur ihnen allein sprach man nicht davon: *Il est risible qu'en disant ce secret à l'oreille à tout le monde, et le cachant très-soigneusement au seul qui, s'il est coupable, le sait nécessairement avant tout autre . . .* ³) *Pourquoi faut-il qu'un scandale aussi public soit pour moi seul un mystère impénétrable? A quoi bon tant de machines, de ruses, de trahisons, de mensonges, pour cacher au coupable ses crimes, qu'il doit savoir mieux que personne, s'il est vrai qu'il les ait commis?* ⁴) *Ce système de secret et de ténèbres qu'on suit si fidèlement envers Jean-Jacques.* ⁵)

No man can justify himself until he knows of what he is accused; and I have never had any specific charge, in a tangible shape, submitted to me by the adversary, nor by others. ⁶)

Man verheimlichte ihnen die Beschuldigung, man klagte sie nicht offen an, man liess sie sich nicht verteidigen, — und doch verurteilte man sie wegen unerhörter Schändlichkeiten.

Dans les jugements sans appel qui condamnent Jean-Jacques à l'infamie, qui est-ce qui a pris sa défense et parlé pour lui, qui est ce qui s'est donné la peine d'examiner l'ac-

---

[1]) 2. Dial.   [2]) Ch. H. IV. 186. cf. Ap. 38.
[3]) 1. Dial.   [4]) Histoire des Dialogues.
[5]) 1. Dial. cf. Ap. 85—87. 89.
[6]) Pamphlet. M. II. 205.

cusation, les accusateurs, les preuves?[1]) Quoi! décrété sans être ouï? Et où est le délit? où sont les preuves?[2])

But, has not „the general voice of his countrymen" long ago pronounced upon the subject—sentence without trial, and condemnation without a charge?[3])

Ja, so wenig begründet, so heftig und erbittert die Anklage war, so allgemein war sie; fast niemand war da, der sich auf die Seite der Beschuldigten stellte, der frei und offen und herzlich für sie Partei nahm: *Je vois toute une génération se précipiter tonte entière dans cette étrange opinion, sans explication, sans doute, sans honte.*[4]) *Proscrit d'un accord unanime.*[5]) *Pouvais-je supposer qu'une génération toute antière s'amuserait d'un accord unanime à m'enterrer tout entier?*[6]) *Upon what grounds the public founded their opinion, I am not aware; but it was general and it was decisive.*[7])

Das Ganze machte den Eindruck eines Inquisitionsverfahrens,[8]) bei dem das Publikum zu Gericht sass, und nachdem es entschieden hatte — bestrafte. Es verhöhnte die beiden Männer öffentlich, es machte ihnen ein öffentliches Auftreten zur Unmöglichkeit. *Ils ont parvenus à le chasser de toute assemblée, de tout spectacle, des cafés, des pro-*

---

[1]) 1. Dial. [2]) Lettre à M . . . . 22. Juin 1762.
[3]) Pamphlet. M. II. 205.
[4]) 8. Prom. [5]) 1. Prom. [6]) 1. Prom.
[7]) Pamphlet. M. II. 206.
[8]) *On dérobe à l'accusé la connaissance de l'accusation, de l'accusateur, des preuves. C'est faire cent fois pis qu'à l'Inquisition: car si l'on y force le prévenu de s'accuser lui-même, du moins on ne refuse pas de l'entendre, on ne l'empêche pas de parler, on ne lui cache pas qu'il est accusé et on ne le juge qu'après l'avoir entendu.* Hist. des Dialogues.
The world, which always decides justly, not only in Arragon but in Andalusia, determined that I was not only to blame, but that all Spain could produce nobody so blamable. My case was supposed to comprise all the crimes which could, and several which could not, be committed, and little less than an auto-da-fé was anticipated as the result.
Fragment. M. II. 315.
Inquisitors for friends, and hell for life! Mar. Fal. III. 2.

menades publiques.[1] *Pouvais-je supposer que toute la salutation que me feraient les passants serait de cracher sur moi?*[2] *La populace le voit avec horreur.*[3] *S'il entre en quelque lieu public, il y est regardé et traité comme un pestiféré.*[4] — *If I may judge by the statements of the few friends who gathered round me, the outcry of the period to which I allude was beyond all precedent, all parallel, even in those cases where political motives have sharpened slander and doubled enmity. I was advised not to go to the theatres, lest I should be hissed, nor to my duty in parliament, lest I should be insulted by the way.*[5] Und bei alledem fühlten sie sich unschuldig [6] und wollten und wünschten eine Untersuchung, eine gerichtliche, eine öffentliche; sie wollten stets den Beweis liefern, dass alle Anklagen nur Lügen seien und Verläumdungen. Rousseau sagt: *Je voulus forcer mes persécuteurs à s'expliquer avec moi; ils n'avaient garde;*[7] er möchte sich mitten in Paris auf den Markt stellen und seine Gegner mit den Worten herausfordern: *Parlez haut, traîtres que vous êtes, me voilà. Qu'avez-vous à dire?*[8]

Byron sagt ebenfalls, dass er eine öffentliche und gerichtliche Untersuchung nicht scheut: *No one can more desire a public investigation of that affair than I do.*[9]

Es kam aber zu keiner öffentlichen Untersuchung und also auch zu keiner Freisprechung. So blieb ihnen nichts anderes übrig, als sich selbst in ihren Werken frei zu erklären von der Schuld, deren man sie anklagte.

Ihre Selbstverteidigung wurde eine Hauptaufgabe und Hauptbeschäftigung ihrer letzten Lebensjahre. Sie fürchteten, dass nach ihrem Tode die Anschuldigungen wiederholt würden, und dass dann vielleicht niemand da wäre, der der Wahrheit zum Siege verhelfen könnte: Rousseau schreibt aus diesem Grunde die Confessions, die Fortsetzung derselben, les Rêveries d'un Promeneur solitaire und die

---

[1] 2. Dial.   [2] 1. Prom.   [3] 1. Dial.   [4] 1. Dial.
[5] Pamphlet. M. II. 206.   [6] cf. Ap. 43—45.
[7] 8. Prom.   [8] 1. Dial.   [9] to Moore 10. Dec. 1819.

Dialogues ou Rousseau, Juge de Jean-Jacques; Byron seine Memoirs, Diaries und Journals; sie sagen uns dies selbst: *Quand il se vit défiguré parmi les hommes au point d'y passer pour un monstre, la conscience qui lui faisait sentir en lui plus de bien que de mal, lui donna le courage, que lui seul peut-être eut et aura jamais, de se montrer tel qu'il était; il crut qu'en manifestant à plein l'intérieur de son âme, et révélant ses Confessions, l'explication si franche, si simple, si naturelle de tout ce qu'on a pu trouver de bizarre dans sa conduite, portant avec elle son propre témoignage, ferait sentir la vérité de ses déclarations et la fausseté des idées horribles et fantastiques qu'il voyait répandre de lui, sans en pouvoir découvrir la source.* [1])

The Memoir is nearly finished, it will be a kind of guide-post in case of death, and prevent some of the lies which would otherwise be told, and destroy some which have been told already [2]).

Die Anklage blieb nach ihrem Tode allerdings nicht aus, ja sie wurde erst dann wahrhaft gegen sie erhoben, aber vergeblich. Diejenigen, welche dies thaten, thaten es aus keinem anderen Grunde, als aus Neid und Gehässigkeit, auf sie wenden wir das Wort Rousseaus an in der Schlusserklärung zu seinen Confessions: *Si quelqu'un sait des choses contraires à ce que je viens d'exposer et s'il refuse de les éclairer avec moi tandis que je suis en vie, il n'aime ni la justice ni la vérité!* Die Verleumder erhielten aber auch den verdienten Lohn: die Pfeile der Schande, die sie für ihr Opfer bestimmt, verwundeten nicht dieselben, sie kehrten zurück und trafen sie selbst: *L'ignominie dont ils l'ont couvert rejaillira sur eux toute entière* [3]). Mit prophetischem Geiste sahen beide Männer voraus, dass ihnen einst Gerechtigkeit widerfahren würde, sie hofften beide allein noch auf die Nachwelt, und diese ihre Hoffnung ist nicht zu Schanden geworden. *J'ai perdu pour jamais l'idée de ramener de mon vivant le*

---

[1]) 2. Dial.   [2]) to Murray, Aug. 26. 1818.   [3]) 1. Dial.

*public sur mon compte*¹), aber: *Un jour viendra, j'en ai la juste confiance, que les honnêtes gens béniront ma mémoire et pleureront sur mon sort*²). — *There will be a day of reckoning, even if I should not live to see it*³). *The scoundrels who have all along persecuted me will triumph; and, when justice is done to me, it will be when this hand that writes is as cold as the hearts which have stung me*⁴).

Nach ihrem Tode wurde ihnen allerdings Gerechtigkeit zu teil; aber vorher hatten sie bitter zu leiden von dem Hass und den Verfolgungen der Menschen. Die schändlichen Verleumdungen derselben trafen sie so schwer, dass sie sich nie von dem Schlage erholten; sie trugen ein zerrissenes Gemüt davon, in dem der ewige Gedanke an die erlittene Schmach stets im Vordergrunde stand: *Il est des sortes d'adversités qui élèvent et renforcent l'âme: mais il en est qui l'abattent et la tuent; telle est celle dont je suis la proie*⁵). *Depuis que le monde existe, jamais mortel n'a vécu dans une pareille dépression*⁶). *Comment contempler un moment ma situation sans la voir aussi horrible qu'ils l'ont rendue et sans périr de douleur et de désespoir*⁷). — *I could have forgiven the dagger and the bowl, any thing, but the deliberate desolation piled upon me. Do you suppose I have forgotten or forgiven it? It has comparatively swallowed up in me every other feeling*⁸).

Eine andere Folge der Verleumdungen war ihre gänzliche Trennung von der Gesellschaft, in der sie gelebt, die Gesellschaft sagte sich von ihnen los und sie sich von der Gesellschaft: *Me voici donc seul sur la terre. Ils ont brisé violemment tous les liens qui m'attachaient à eux. J'aurais aimé les hommes en dépit d'eux mêmes: ils n'ont pu, qu'en cessant de l'être, se dérober à mon affection. Les voilà donc étrangers, inconnus, nuls enfin pour moi*⁹).

---

¹) 1. Prom.   ²) 3. Dial. cf. Ap. 46—48.
³) to Murray. June 7. 1819.   ⁴) Diary. Jan. 26. 1821.
⁵) 8. Prom.   ⁶) 1. Dial.   ⁷) 8. Prom.
⁸) to Moore. Sept. 19. 1818.   ⁹) 1. Prom.

*Farewell the past! I died to all that had been,
Or rather they to me: no friends, no kindness,
No privacy of life — all were cut off* [1]).

Wir machen hier besonders darauf aufmerksam, dass der Gedankengang in beiden Stellen ganz gleich ist. Beide Männer sind zu stolz, um zuzugeben, dass sie die Ausgestossenen sind; nein, **die Menschen sind von ihnen ausgestossen** [2])!

Indessen, mochten sie sich mit solcher Ansicht so viel trösten wie sie wollten, sie waren es doch, die den Platz räumen mussten, die gezwungen waren, den Wanderstab zu ergreifen und in die Verbannung zu gehn: *Il secoue la poudre de ses souliers et sort de cette terre où l'on s'empresse d'opprimer le faible avant de l'entendre, avant de savoir si l'acte dont on l'accuse est punissable, avant de savoir s'il l'a commis* [3]). *Who would dwell among a people entertaining strong hostility against him* [4]). *I retired from the country, perceiving that I was the object of general obloquy; I did not indeed imagine, like Jean Jacques Rousseau, that all mankind was in a conspiracy against me, though I had perhaps as good grounds for such a chimera as even he had: but I perceived that I had to a great extent become personally obnoxious in England, perhaps through my own fault but the fact was indisputable* [5]).

Sie verliessen also ihr Vaterland, leisteten Verzicht auf den stolzen Titel eines „Citoyen de Genève" und eines Angehörigen der britischen Nation und wurden — Weltbürger. *Un beau jour il laisse là Genève*, sagt Hornung [7]) von Rousseau, *pour devenir citoyen du monde* und Rousseau selbst lässt Émile sagen: *En rompant les nœuds qui m'attachaient*

---

[1]) Mar. Fal. III. 2.
[2]) cf. Ap. 49—51.   [3]) L. à Beaumont.
[4]) Pamphlet. M. II. 208.
[5]) Pamphlet. M. II. 207. Wir sehen wie Byron hier selbst zugiebt, dass, obgleich er sein Schicksal nicht so auffasst wie Rousseau, doch dieses sein Schicksal mit demjenigen Rousseaus sehr viele Ähnlichkeit hat, er bestätigt damit Alles, was wir hoffen, soeben festgestellt zu haben.
[7]) J.-J. Rousseau, jugé par les Genevois d'aujourd'hui. Genève 1879. p. 151.

à mon pays, je l'étendais sur toute la terre, et j'en devenais d'autant plus homme en cessant d'être citoyen ¹). *For myself, I am a citizen of the world — all countries are alike to me.*²) *My mother was Scotch, and my name and my family are both Norman; and as for myself, I am of no country.* ³)

Während ihrer letzten Lebensjahre irrten sie ruhelos als Weltbürger durch die Lande: *J'avais sans cesse besoin de changer de place et je n'étais bien nulle part.* ⁴)

> *There are wanderers o'er Eternity
> Whose bark drives on and on and anchor'd ne'er shall be*⁵).

Noch einmal blühte ihnen ein letztes Lebensglück: Rousseau in seinem Verhältnis zur Comtesse d'Houdetot, Byron in dem zur Gräfin Guiccioli; diese Liebe war im Grunde die einzig wahre ihres ganzen Lebens (bei ihnen war also nicht die erste, sondern die letzte Liebe die wahre!): *Il était écrit que je ne devais aimer d'amour qu'une fois en ma vie.* ⁶) — *If any thing happens to my present Amica, I have done with the passion for ever — it is my last love.* ⁷) *This last, and (with one signal exception) only real love of his whole life.* ⁸)

Ihr Ende nahe fühlend, suchten sie noch ihr Leben mit wahrhaft heroischen Thaten zu beschliessen. Rousseau fasste noch in seinem Alter, krank und schwach wie er war, den Entschluss, nach Korsika zu gehen und dort den Einwohnern behülflich zu sein, sich eine republikanische Verfassung zu schaffen und die Verhältnisse ihres Landes zu ordnen, ein Plan, den er sehr ernst und begeistert in's Auge fasste ⁹), und von dessen Ausführung er nur durch seine zunehmende Kränklichkeit abgehalten wurde. Er schreibt 1765 an M. Butta-Foco, mit dem er wegen des

---

¹) Ém. et S. II.
²) to the Contessa Guiccioli, 1819. M. II. 157.
³) to the Count ... Apr. 22. 1823.
⁴) 8. Prom.
⁵) Ch. H. III. 70.
⁶) Conf. VIII.   ⁷) to Hoppner, July 2. 1819.   ⁸) Moore II. 96.
⁹) cf. Ap. 52.

Plans unterhandelte: *Je croirais le reste de mes jours bien noblement, bien vertueusement, bien heureusement employé; je croirais même avoir bien racheté l'inutilité des autres, si je pouvais rendre ce triste reste bon en quelque chose à vos braves compatriotes. Ma vie et mon cœur sont à vous. — Peuple brave et hospitalier! Non, je n'oublierai jamais un moment de ma vie que vos cœurs, vos bras, vos foyers m'ont été ouverts à l'instant qu'il ne me restait presqu'aucun autre asyle en Europe. — Ce que je vous promets et sur quoi vous pouvez compter dès à présent, est que pour le reste de ma vie je ne serais plus occupé que de moi ou de la Corse. —*

Setzen wir statt La Corse: La Grèce, so hätte Byron das alles schreiben können, aber er hatte nicht allein den guten Vorsatz, wie Rousseau, er fand auch Gelegenheit, diesen auszuführen, nach Griechenland zu gehn und dort den Eingeborenen zur Aufrichtung einer neuen, freien Regierung und Verfassung behülflich zu sein. Schon vorher hatte er dasselbe zu thun versucht in Italien, wie auch Rousseau schon vorher auf Bitten der Polen seine Considérations sur le Gouvernement de Pologne verfasst hatte.

Sie sollten aber ihre letzten Wünsche nicht verwirklicht sehen, ihre letzten Bestrebungen wurden vom Schicksal durchkreuzt, ihr Tod trat dazwischen; sie selbst hatten das geahnt, sie selbst hatten ihn herbeigewünscht, teils weil sie sich aufgerieben fühlten, innerlich gebrochen, und sich nach Grabesruhe sehnten, teils um durch eine selbstlose Hingabe ihres Lebens für das Wohl anderer diesem ihrem Leben einen würdigen Abschluss zu geben[1]).

So jung Byron war im Verhältnis zu Rousseau, als ihn der Tod ereilte, so ähnlich war er ihm doch in der Unbefriedigtheit, in der Ruhelosigkeit und Zerrissenheit seines Gemütes, in dem einzigen Wunsche, nach einem Leben voll Kampf, voll Leidenschaft und Gram[2]) end-

---

[1]). *Ma carrière est finie, il ne me reste plus qu'à la couronner.*
L. à M ... 7 Juin 1762.

[2]) cf. Ap. 53.

lich den Frieden der Seele zu finden — im Tode. Das ist der Gedanke, der durch ihre letzten Schriften geht: *Tout est fini pour moi sur la terre. On ne peut plus m'y faire ni bien ni mal. Il ne me reste plus rien à espérer ni à craindre en ce monde*[1]). *Mes malheurs sont sans exemple: la vie orageuse que je mène sans relâche, depuis plusieurs années est terrible pour un pauvre infirme, épuisé de maux et d'ennui et qui n'aspire qu'à mourir*[2]).

'Tis time this heart should be unmoved, ...
If thou regrets! thy youth, why live?
The land of honourable death
Is here: — up to the field, and give
  Away thy breath!
Seek out — less often sought than found —
A soldier's grave, for thee the best.
Then look around, and choose thy ground,
  And take thy rest.[3])

So fanden sie denn endlich Ruhe, Rousseau verschied am offenen Fenster sitzend, und wie Manfred, einsam, noch in seiner Sterbestunde sich in den Anblick der Natur versenkend[4]), Byron während des Wütens eines Gewittersturms. Sie verliessen in ihren letzten Augenblicken nicht die Natur und die Natur nicht sie; aber die Menschen verleugneten und verdammten sie noch nach ihrem Tode. Die Verfolgung, welche sie während ihres Lebens erduldet, sie sollte nach ihrem Tode nicht aufhören; man verweigerte ihnen den Ehrenplatz unter den grossen Toten ihrer Nation: Unter der Reaktion wurden Rousseaus Überreste samt denjenigen Voltaires von Männern, die sich die Bekenner der Lehre von der Liebe und Vergebung nannten, aus dem Grabe gerissen und beseitigt, und als man die Leiche Byrons nach England brachte, versperrten die beiden grossen Tempel der britischen Nation ihr ihre Pforten.

---

[1]) Rêv. 1. Prom.   [2]) L. à M. de Graffenried, 20 oct. 1765.
[3]) Missolonghi, Jan. 22. 1824.
[4]) *Beautiful!*
I linger yet with Nature.   Manfred, III. 4.

Teil II.

Il n'est du reste, pas facile, avec tous les matériaux en main, de bien établir un caractère.   Vinet.

Wenn das schon im allgemeinen schwierig ist, so wird es noch schwieriger bei zwei Männern, die, wie Rousseau und Byron, einen höchst eigentümlichen, einen ganz besonderen Charakter hatten, die vielen von ihren Zeitgenossen, sogar vielen von ihren nächsten Freunden und Bekannten ein psychologisches Rätsel waren. Wie Rousseau von sich sagt: *Personne ne me connaît que moi seul*, so lässt Byron Altada von Sardanapalus sagen: *The man's inscrutable*, und Marina antwortet auf die Versicherung des Dogen: *I am what you behold* mit den Worten: *And that's a mystery*. Damit hing nun auch die Beurteilung zusammen, die ihrem Charakter zu teil wurde, jeder Beurteilende suchte das Rätsel nach seiner Weise zu lösen. *A entendre séparément tous ceux qui me connaissent, rien ne paraîtrait moins varié que mon caractère; autant de têtes, autant d'avis.*[1]) In der That, einige sahen in Rousseau ein Wesen höherer Art, andere meinten, er könne sich kaum mit dem Hunde des Diogenes vergleichen; Byron wurde von den einen wie ein Halbgott angebetet (cf. Guiccioli: Lord Byron, jugé par les témoins de sa vie, Paris 1868), von anderen wie ein moralisches Ungeheurer hingestellt (cf. Leigh Hunt, Lord Byron. Paris 1828).

Fragen wir nun nach dem Grunde einer so verschiedenen Beurteilung, so zeigt sich uns, dass sie in der That

---

[1]) Le Persifleur.

zu verschiedenen Zeiten ganz verschiedene Menschen zu sein schienen. Sie waren ausserordentlich launisch: *En un mot, un Protée, un Caméléon, une femme, sont des êtres moins changeants.*[1] *Those quick, cameleon-like changes of which his character was capable.*[2] *I never was consistent in any thing but in politics.*[3]

Ihr inkonsequentes, sich widersprechendes Wesen war der durchgehende Grundzug in ihrem Charakter, der durch alle Zeiten und durch alle Schicksale hindurch sich gleich blieb: *C'est cette irrégularité même qui fait le fond de ma constitution*, sagt Rousseau, und Byron hätte dieselben Worte mit derselben Wahrheit sagen können. Überraschend ist es, zu sehen, wie in der That mit denselben Worten ihr Charakter bezeichnet wurde: *Quand Boileau a dit de l'homme en général qu'il changeait du blanc au noir, il a croqué mon portrait en deux mots, en qualité d'individu. Il l'eût rendu plus précis s'il y eût ajouté toutes les autres couleurs avec les nuances intermédiaires. Rien n'est si dissemblable à moi que moi-même: c'est pourquoi il serait inutile de tenter de me définir autrement que par cette variété singulière.*[4] Medwin sagt nun dasselbe von Byron, wenn auch in einer andern Sprache: *Nil fuit unquam sic impar sibi.* Überzeugender als diese beiden Stellen kann doch wohl nichts die Übereinstimmung Rousseaus mit Byron in Bezug auf diese Charaktereigenschaft beweisen.

Indessen, wenn auch mit der Thatsache, dass beide sehr schwankenden Gemütes waren, vieles, das in ihrem Leben und Charakter dunkel ist, sich erklären lässt, so dürfen wir uns doch nicht mit der einfachen Feststellung derselben begnügen, sondern müssen nach dem Grunde fragen, aus dem diese Launenhaftigkeit erwuchs.

Er lag schon in den besonderen Verhältnissen,

---

[1] Le Persifleur. cf. Ap. 61. 62.
[2] M. II. 404.   [3] to Murray, Dec. 27. 1813. cf. Ap. 63—69.
[4] Le Persifleur.

unter denen sie geboren wurden, in der eigentümlichen Stellung, die sie von Jugend an den Menschen gegenüber einnahmen. Sie konnten mit Recht von sich sagen, wie Sardanapalus, dass sie beide *misplaced in life*[1]) waren. Die Schuld an dieser falschen Stellung trug bei Rousseau der Gegensatz, der in seiner hohen Begabung und seiner niedrigen gesellschaftlichen Stellung lag; dieser Widerspruch war der Grund zu all den Widersprüchen und Inkonsequenzen in seinem Charakter. Besonders folgte gerade hieraus die Unzufriedenheit mit den gesellschaftlichen Verhältnissen seiner Zeit und schliesslich diejenige mit allen Menschen, welche am Ende seiner Laufbahn so verhängnisvoll sein Leben verbitterte. Er selbst schreibt den Grund hiervon zu *au chagrin de ne pas occuper dans le monde la place que j'y croyais mériter.*[2]) Ähnlich sagt auch Demogeot von ihm: *Rousseau portait en lui-même au plus haut degré ce qui, dans la société politique, amène les révolutions, le désaccord de la position et de la capacité.*[3]) Wir waren überrascht, als wir diese selben Worte in einem Briefe Byrons an Murray[4]) wiederfanden; er schildert in ihnen Cain, ein Geschöpf seines Geistes, in das er selbst so sehr viel von dem Sturm und Drang seiner eigenen Brust hineingelegt hat: *Cain fell into the frame of mind which led to the catastrophe from the rage and fury against the inadequacy of his state to his conceptions.*

Bei Byron lag diese verhängnisvolle Mitgabe fürs Leben in dem Gegensatz zwischen seiner Schönheit und seiner Verkrüppelung. Er hat den Gefühlen, die aus diesem Gegensatz entsprangen, den grossartigsten Ausdruck gegeben in *The Deformed Transformed*. Wie Elze[5]) ausführlich nachgewiesen hat, war dieser Gegensatz der Grund zum Schicksal seines ganzen Lebens, ja zu seinem Tode. Wie Rousseau seine Armut drückte

---

[1]) Sard. IV. 1.   [2]) Rousseau. cf. Ap. 70.
[3]) Demogeot, Histoire de la littérature française [15] Paris 1876. p. 507.
[4]) Pisa, 1822.   [5]) Elze[3] p. 349—852.

und die Verachtung, in der er wegen seiner niedrigen Herkunft bei denen stand, denen er sich an Geist gleich, ja überlegen fühlte,[1]) so drückte Byron zeitlebens das Gefühl, dass er trotz seiner Schönheit ein Krüppel sei[2]):

> ... *with all deformity's dull, deadly*
> *Discouraging weight upon me, like a mountain,*
> *In feeling on my heart, as on my shoulders, —*
> *A hateful and unsightly molehill*[3]) ...

Bei beiden hatte nun diese stiefmütterliche Behandlung, die sie von Seiten des Schicksals erfuhren, das gleiche Resultat: sie suchten für dieselbe sich dadurch zu rächen, dass sie doch die hohe Stellung sich errangen, die nach ihrer Meinung ihnen unter den Menschen zukam.[4])

Sie waren beide Emporkömmlinge und besassen auch jenen Stolz und jene Eitelkeit, die diesen für gewöhnlich zu eigen ist; Byron will sich zwar nicht als einen solchen bezeichnen, wenn er von Rousseau sagt: *He was of the people; I of the aristocracy*[5]), aber schon Moore fügt zu diesen Worten die Bemerkung hinzu, dass beide gleich stolz auf ihre Geburt waren: *Few philosophers, however, have been so indulgent to the pride of birth as Rousseau.* — „*S'il est un orgueil pardonnable (he says) après celui qui se tire du mérite personnel, c'est celui qui se tire de la naissance.*" „Conf." Und wir fügen noch hinzu, dass sie beide wenig Grund hatten auf ihre Abstammung, wenigstens auf ihre nächste, stolz zu sein.

Besonders zeichneten sie sich aber aus durch ein hohes, wir können sagen, übertriebenes Selbstbewusstsein in Bezug auf ihre eigene Persönlichkeit und schriftstellerische Bedeutung, sie hielten sich selbst

---

[1]) Wir erinnern daran, dass er schon als Jüngling, eine Bedientenstelle bei einem Grafen in Turin bekleidend, bei einer grossen Gesellschaft eine treffliche Auslegung der altfranzösischen Devise des Hauses gab und die Teilnehmer der Gesellschaft allgemein darüber erstaunten, dass der Bediente kenntnisreicher war als sie selbst!

[2]) *Ah, my dear friend, if this* (head) *places me above the rest of mankind, that* (foot) *places me far, far below them.* Byron.

[3]) D. Tr.   [4]) cf. Ap. 71.   [5]) Moore I. 117.

für etwas ganz Besonderes, Aussergewöhnliches, Phänomenales: *La providence s'est trompée, pourquoi m'a-t-elle fait naître parmi les hommes, en me faisant d'une autre espèce qu'eux?* [1] — *Je sens mon cœur, et je connais les hommes. Je ne suis fait comme aucun de ceux que j'ai vus; j'ose croire n'être fait comme aucun de ceux qui existent. Si je ne vaux pas mieux, au moins je suis autre.* [2] — *Leur être n'a point de rapport au mien, nous ne sommes pas de la même espèce* [3].

> — *Not made like other creatures, or
> To share their sports or pleasures.* [4] —
> *He knew himself the most unfit
> Of men to herd with Man; with whom he held
> Little in common.* [5]
> ... *He turn'd aside
> From men and their delights.* [6]

Sie hielten sich selbst aber nicht blos für anders als alle andern Menschen, sie hielten sich auch, veranlasst durch jenen Hochmut, den wir so oft bei begabten Männern finden, veranlasst auch durch die Vergötterung, welche ihnen von ihren Zeitgenossen zu teil wurde, für grösser und besser als dieselben. *Moi qui me suis cru toujours, et qui me crois encore, à tout prendre, le meilleur des hommes.* [7] *Je n'ai plus rien d'un homme ordinaire.* [8] —

> *The day
> That gave me being, gave me that which marr'd
> The gift, — a fate, or will, that walk'd astray.* [9]
> *This man
> Is of no common order* ....
> .... *his powers and will*
> .... *have been such
> As clay hath seldom borne, his aspirations
> Have been beyond the dwellers of the earth.* [10]

---

[1] L. à Moulton.   [2] Rousseau.   [3] L. à Mme ... 14 août 1772.
[4] Def. Tr. I. 1.   [5] Ch. H. III. 12.
[6] Manfred III. First redaction. cf. Ap. 55. 56.
[7] Conf. cf. Ap. 57. 58.   [8] N. H. VI. 7.
[9] Epistle to Augusta.   [10] Manfred II, 4. cf. Ap. 59. 60.

Daher denn auch *cet indomptable orgueil*[1]. — *That pride, which will, I think, buckler me through every thing.*[2]

Daher bei Rousseau die Ueberzeugung, dass er besitzt *une âme qui se peut montrer*,[3] daher die Möglichkeit, dass er schreiben kann: *Je ne vous déguiserai point que malgré le sentiment de mes vices, j'ai pour moi une haute estime*[4] und bei Byron der Wunsch zu sein: *Aut Caesar aut nihil!*[5]

Es hing dieses Übermass der Selbstschätzung wieder eng mit ihrer Neigung zu allem Extrem zusammen, auf die wir schon hingedeutet haben: *Il passe d'une extrémité à l'autre avec une incroyable rapidité, sans même remarquer ce passage ni se souvenir de ce qu'il était l'instant auparavant.*[6] *In the rank of Lord Byron, in his understanding, in his character, in his very person,*[7] *there was a strange union of opposite extremes*[8].

Chain'd to excess, the slave of each extreme[9].

Bei Menschen, welche zu Extremen neigen, und noch dazu von so hohem Stolze erfüllt sind, wie Rousseau und Byron, kann man einen nicht geringen Grad von Empfindlichkeit gegen alle Beurteilungen ihrer Persönlichkeit voraussetzen. Sie waren aussergewöhnlich leicht erregbar; sie waren stets aufmerksam darauf, ob man ihnen auch die ihnen zukommende Ehre erwiese; es war ihnen unmöglich, wirkliche oder scheinbare Kränkungen mit Gleichmut hinzunehmen; sie nahmen Anstoss an ganz unverfänglichen Worten und Thaten; sie waren beide misstrauisch: *Ma défiance est*

---

[1] 1. Dial. *Cette âme haute et fière.* 3. Dial. *Ce cœur à la fois si fier et si tendre.* Conf. cf. Ap. 72—74.

[2] to Moore, March 8. 1816. *Proud though in desolation.* Ch. H. III. 12.

[3] L. à Milord Maréchal, 20 juillet 1766.   [4] 4. L. à Malesherbes.

[5] Journal, Nov. 23. 1813. Manfred sagt: *Humility I never had.* —

[6] 2. Dial.

[7]   The greatest
Deformity should only barter with
The extremest beauty, if the proverb's true
Of mortals, that extremes meet.
    Def. Tr. I. 1.

[8] Macaulay: Lord Byron.   [9] Lara I. 8.

d'autant plus déplorable, que presque toujours fondée, elle est toujours sans bornes, parce que tout ce qui est hors de la nature n'en connaît plus[1]).

*His mind
Had grown Suspicion's sanctuary*[2]),

sagt Byron von Rousseau, und W. Scott sagt von ihm: *I think I also remarked in Byron's temper starts of suspicion, when he seemed to pause and consider whether there had not been a secret, and perhaps offensive, meaning in something casually said to him*[3]).

Wir erinnern bei Gelegenheit dieses Ausspruchs von Scott an jene Scene, wo Rousseau und Diderot sich gegenüber sitzen, und der erstere an einem einzigen Blick seines Nachbars soviel Anstoss nimmt, dass er aufspringt, Diderot um den Hals fällt und unter strömenden Thränen fleht, ihn nicht zu verraten; der Blick, mit dem er ihn eben angesehn, habe das beinahe gesagt! Wahrlich, mit einer solchen Empfindsamkeit, mit einem so misstrauischen Gemüte begabt, hat er recht, wenn er sagt: *Il vaut cent fois mieux être éloigné des personnes qu'on aime, et désirer d'être auprès d'elles, que de s'exposer à faire un souhait opposé*[4]).

Byron vertrug sich ebenfalls am besten mit den Freunden, von denen er getrennt lebte, und überwarf sich oft mit denen, die seinen engeren Verkehrskreis bildeten.

Sie waren beide sozusagen zu fein organisierte Menschen für den täglichen Verkehr; sie waren ausnehmend leicht zu verletzen; alles, was ihnen begegnete, machte auf sie ungleich mehr Eindruck, rief die Reaktion ihres gefühlvollen Herzens ungleich gebieterischer hervor, als bei den meisten andern Menschen; sie waren durch und durch Gefühlsmenschen, das unmittelbare Gefühl war stets bei ihnen der Herrscher des Augenblicks. So sagt

---

[1]) L. à M. du Belloy, 12 Mars 1770.
[2]) Ch. H. III. 80.
[3]) Moore I. 441.
[4]) 4. L. à Malesherbes.

Rousseau von sich: *Jamais il n'exista d'être plus sensible à l'émotion*[1]), und Moore spricht von: *Persons who like Lord Byron, live centred in their own tremulous web of sensitiveness*[2]); er schreibt ihm zu: *A susceptibility of new impressions and impulses, even beyond the usual allotment of genius*[3]). Keiner hätte indessen diese Eigenschaft Byrons besser schildern können, als er dies selbst im Sardanapalus mit den Worten gethan hat:

*I am the very slave of circumstance
And impulse — borne away with every breath!*[4])

In Freude und Schmerz waren sie beide sehr leicht zu versetzen; aber infolge vieler Gemütsaufregungen und trauriger Lebensschicksale zur Melancholie neigend, waren sie doch dem Schmerze leichter zugänglich, als der Freude.

Den Beweis dazu liefert uns u. a. die Thatsache, dass sie sehr schnell zu Thränen geneigt waren, Thränenergüsse waren ihrem übervollen Herzen eine Erleichterung, ja wenn wir folgende Worte Rousseaus lesen, möchten wir fast glauben, dass sie ihm eine Lust waren: *En suivant ce beau rivage (du Lac Leman) je me livrais à la plus douce mélancolie. Combien de fois m'arrêtant pour pleurer à mon aise, assis sur une grosse pierre, je me suis amusé à voir tomber mes larmes dans l'eau*[5]).

Ähnlich wie Rousseau, am Genfer See dem Spiel der Wellen lauschend, in tiefe Melancholie versinkt und einsam weint, sinnt Byron, in einem Garten zu Bologna bei einem leise plätschernden Springbrunnen sitzend, über sein Schicksal nach — und bricht in einen Strom von Thränen aus[6]).

Wie ihr eigenes Geschick, so ergriff sie auch leicht

---

[1]) 2. Dial. *Né avec une âme faible, tendre à toutes les impressions, facile à troubler.* Émile et Sophie.
[2]) M. II. 136. [3]) M. II. 503. [4]) Sard. IV. 1.
[5]) Conf. IV.
[6]) *He burst into an agony of tears.* M. II. 121.

dasjenige anderer: wir wissen, dass beide, von ihrem mitfühlenden Herzen veranlasst, oft mehr Opfer brachten, um fremdes Elend zu lindern[1]), als ihre Vermögensverhältnisse ihnen gestatteten; sie fühlten sich unbewusst zu den Unglücklichen hingezogen[2]).

In allen Orten, wo sie geweilt, hinterliessen sie Spuren ihrer wohlthätigen Wirksamkeit[3]). Je schwerer, je tragischer nun aber das Unglück war, welches ihnen vor Augen kam, je tiefer wurden sie natürlich davon gerührt — mochte es wirklich sein, oder nicht: deshalb wird uns auch von beiden berichtet, dass sie dazu geneigt waren, sich im Theater von ihrem Mitgefühl bis zu Thränen hinreissen zu lassen.

Darin nun, dass sie beide so schnell und tief ergriffen wurden, hat ihr Charakter viel Ähnlichkeit mit demjenigen der Frauen und Kinder.

Schon sehr früh wies man auf diesen Umstand hin, sie selbst waren sich desselben offenbar ebenfalls bewusst; Rousseau brauchte nur in den Spiegel zu sehen, um sein Antlitz als ein fast weibliches zu erkennen. Damit hängt wahrscheinlich zusammen, dass er Valère im *Narcisse ou l'Amant de lui-même* in Frauenkleidung malen lässt, um ihn dann in sich selbst verliebt zu machen. In derselben Verkleidung lässt Byron seinen Don Juan in den Serail eingeschmuggelt werden. Lucinde sagt von Valère: *Il est par sa délicatesse et par l'affectation de sa parure*[4]) *une espèce de femme cachée sous des habits d'homme,* und auch Byron führt uns Sardanapal zunächst als einen verweichlichten Schwächling vor mit einem *effeminate heart*[5]).

Wie Rousseau und Byron, so sind auch ihre Geisteskinder Valère und Sardanapal weibisch eitel, beide verlangen einen Spiegel, um sich darin zu beschauen, und fragen die Umstehenden, ob ihnen ihre Kleidung auch gut steht!

---

[1]) cf. Ap. 86. 87.   [2]) cf. Ap. 82.   [3]) cf. Ap. 83—85.
[4]) Wir erinnern an ihre im 1. Teil erwähnte Vorliebe für auffallende Kleidung.   [5]) Sard. I. 1.

Valère wird von seinem Kammerdiener Frontin für *un vrai petit maître* erklärt, Byron von Hazlitt für einen *sublime coxcomb*. Aber seltsam: Valère sowohl wie Sardanapal werden am Schluss von ihren Schwächen geheilt, beide befreien sich von ihrer unmännlichen Eitelkeit und gelangen schliesslich zu einem charaktervollen Auftreten — durch die Liebe[1]); mit Hülfe ihrer Geliebten finden sie allmählich ihr besseres Selbst wieder und gehn uneigennützig in einer grossen Idee auf[2]): bei Valère ist dies nur die Liebe, bei Sardanapal die Liebe und der Heldenmut; Rousseaus Stück ist eben eine Komödie, dasjenige Byrons ein Trauerspiel, und doch — welche Ähnlichkeit zwischen den Helden der Stücke und den Verfassern in Bezug auf hervorragend weibliche Charakterzüge[3])!

Wir sagten, dass sich in ihrem Wesen auch viel Kindliches befand, und dass dies vor allem durch ihr leicht erregbares Gemüt veranlasst war. Deutlich genug sagt Rousseau in dieser Beziehung von sich: *Il y a toujours eu de l'enfant en moi et je sens que je mourrai enfant,* und an einer andern Stelle: *Je resterai enfant jusqu'à la mort.*[4])

Für Byron war es *one of the deadliest and heaviest feelings of his life, to feel that he was no longer a boy;*[5]) er wünscht daher:

> ... *may I rove, untutor'd, wild,*
> *And even in age at heart a child.*[6])

Er ist es in der That geblieben[7]). Denn wie beide in

---

[1]) Valère: *Belle Angélique, vous m'avez guéri d'un ridicule qui faisait ma honte.*

[2]) Valère: *Je vais désormais éprouver que quand on aime bien, on ne songe plus à soi-même.*

[3]) cf. Ap. 90.

[4]) L. à M. du Belloy, 12 mars 1770.

[5]) Seine eignen Worte: M. I. 53.

[6]) Hours: To Edward Noel Long, Esq.

[7]) cf. Ap. 91. 92.

der Jugend früh aufhörten Kinder zu sein, so mangelte es ihnen in späterem Alter an wahrer Männlichkeit, so blieben sie seltsamerweise doch in vielen Beziehungen zeitlebens Kinder. Ebenso war es mit den Geschöpfen ihrer Phantasie, auch sie sind impulsive Wesen, *borne away with every breath*, ruhige Ueberlegung und Voraussicht fehlt ihnen, sie gehen ganz wie die Kinder in dem Augenblick auf, in dem sie leben.

Rousseau sagt selbst von den Personen seiner Nouvelle Héloïse: *Deux ou trois jeunes gens s'entretiennent entre eux. Ils sont enfants; penseront-ils en hommes?* Zu diesen *enfants* gehört besonders der Held des Romans, St. Preux, ihn behandeln alle wie einen unreifen Knaben, an ihm erziehen alle herum. So ruft Édouard ihm zu: *Sors de l'enfance, ami, réveille-toi . . . sois homme une fois avant la mort!*[1] So schreibt Julie an ihn: *Votre lettre est comme votre vie, pleine de force et de puérilités. Mon cher philosophe, ne cesserez-vous jamais d'être enfant?*[2]

Ebenso sind auch die Helden Byrons die Opfer jedes Impulses, sie handeln nicht nach Grundsätzen, sondern wie Frauen[3] und Kinder[4] nach den plötzlichen, unwiderstehlichen Eingebungen ihres Herzens[5].

Auch Rousseau und Byron selbst waren, wie ihre Helden, ganz die Sklaven desselben. So sagt Rousseau von sich: *J'étais brûlant d'amour sans objet;*[6] er schreibt sich zu: *Un caractère bouillant dont rien n'a pu calmer l'effervescence*[7],

---

[1] N. H. V. 1.

[2] N. H. VI. 8. Ähnlich sagt der Erzieher zu dem immer klugen und doch immer unverständigen Émile: *Hé quoi, après avoir philosophé toute votre vie, n'apprendrez-vous jamais à raisonner?* Ém. V.

[3] cf. Ap. 133.   [4] cf. Ap. 134.

[5] Wenn bei Rousseau die Folie der leidenschaftlichen Ausbrüche seiner Helden die kalte, gefühllose, nur die Herrschaft des Verstandes anerkennende „philosophie" ist, wird diese bei Byron gebildet durch die gleich kalte Versteinerung des Herzens, die Unbeweglichkeit der Sinne, die herbe, rücksichtslose Menschenverachtung.

[6] Cf. V. *Je dépend beaucoup de mes sens.* 2. Dial.

[7] L. à M. du Belloy, 12 Mars 1770.

des sens si combustibles, un cœur tout pétri d'amour[1]). Byron nennt ihn: *One whose dust was once all fire;*[2]) mit welchem Recht dieser Ausspruch aber auf ihn selbst angewendet werden kann, haben wir in der vergleichenden Betrachtung ihres Lebens gesehen. „Er war," wie Goethe sagte, „zu dunkel über sich selbst. Er lebte immer leidenschaftlich in den Tag hinein und wusste und bedachte nicht, was er that."[3]) Auch er hatte *des sens si combustibles*, was anderes können die Worte bedeuten:

My blood
Is all meridian, as if never fann'd
By the black wind that chills the polar flood [4]).

Wenn sie nun beide bei ihrem erregbaren Temperament eine männliche Willenskraft besessen hätten, so wären sie nicht mit sich und der Welt in Konflikt geraten, und ihr Leben hätte nicht einen so tragischen Ausgang genommen; aber so gross ihre Leidenschaftlichkeit war, so klein war das Mass der Kraft, das ihnen zu Gebote stand, dieselbe zu zügeln, so gering die Neigung, dies Mass zu vergrössern. Wenn wir die folgenden Worte lesen, mit denen Rousseau diese seine Schwäche eingesteht, so macht es auf uns einen schmerzlichen Eindruck, ihn selbst sich des Umstandes klar bewusst zu sehen, der den Knoten seines unseligen Geschickes knüpfte, aber auch zugleich der Unfähigkeit, dies Geschick von sich abzuwenden; es macht auf uns den Eindruck, als wenn jemand mit eigenen Worten sein Todesurteil spricht: *Dominé par mes sens, quoi que je puisse faire, je n'ai jamais su résister à leurs impressions.*[5]) *Je suis tout entier à chaque sentiment qui m'agite.*[6]) *Je n'ai guères suivi d'autres règles en toute*

---

[1]) Conf. IX. [2]) Ch. H. III. 70. [3]) cf. Ap. 93.
[4]) To the Po. cf. Ap. 127—129. Deshalb fühlte sich Byron auch auf dem Kontinente und besonders in Italien heimisch: *Indeed, I have lived upon the whole so little in England (about five years since I was one-and-twenty), that my habits are too continental, and your climate would please me as little as the society.* To Murray, March 15. 1822. Die Zeit, die Rousseau in Italien verlebte, steht auch bei ihm stets in angenehmer Erinnerung; an Ende seines Lebens wollte er nach Venedig gehen.
[5]) 8. Prom. [6]) 2. Dial.

chose que les impulsions de mon naturel.[1]) *Agir contre mon penchant me fut toujours impossible.*[2]) *J'ai des passions très ardentes, et tandis qu'elles m'agitent rien n'égale mon impétuosité; je ne connais plus ni ménagement, ni respect, ni crainte, ni bienséance; je suis cynique, effronté, violent, intrépide: il n'y a ni honte, qui m'arrête, ni danger qui m'effraye. Hors le seul objet qui m'occupe l'univers n'est plus rien pour moi.*[3]) *Jamais homme ne se conduisit moins sur des principes et des règles et ne suivit plus aveuglément ses penchants. Prudence, raison, précaution, prévoyance, tout cela ne sont pour lui que des mots sans effet. Quand il est tenté, il succombe*[4]).

Byron gesteht nun allerdings diese seine Charakterschwäche nicht so offen und nicht so häufig ein, aber wenn die Geschichte seines Lebens sie uns nicht genügend zeigte, so haben wir über sie noch andere entscheidende Zeugnisse. Er besass z. B. nach Moore, *a susceptibility of new impressions and impulses, and an uncontrolled impetuosity, as well from habit as temperament, in yielding to them*[5]). Moores Sprache ist indessen, wenn er über wenig lobenswerte Eigenschaften seines Freundes urteilt, sehr vorsichtig und zurückhaltend!

Aber bei ihren Fehlern und Charakterschwächen bewahrten sie sich doch ein gutes Herz, das stets darauf bedacht war, andern keinen Kummer zu bereiten: *J'ai de grands vices, sans doute, mais qui n'ont jamais fait de mal qu'à moi.*[6]) *Jean-Jacques qui jamais n'a fait, ni voulu, ni rendu de mal à personne.*[7]) *Les vices n'ont jamais fait de mal qu'à lui.*[8])

For my own part, I am violent, but not malignant.[9]

... *I hate all pain,*
  Given or received[10]) ...

---

[1]) 4. Prom. [2]) 6. Prom.
[3]) Conf. I. [4]) 2. Dial.
[5]) cf. Ap. 130. 131.
[6]) L. à Mme B. 16 mars 1770. cf. Ap. 94. 95.
[7]) Hist. des Dial. cf. Ap. 96. 97.
[8]) 2. Dial.
[9]) To Lady Byron. Nov. 17. 1821.
[10]) Sard. I. 2.

Ferner hing dieses ihr leidenschaftliches Temperament zu eng mit den hervorragendsten Eigenschaften ihres Genius zusammen: *An impetuous temperament and passions untamed, were indispensable to the conformation of a poet like Byron.*[1])

Endlich trugen an ihrer Leidenschaftlichkeit auch die Umstände sehr viele Schuld, sie erbten ein gutes Teil derselben von ihren Eltern. Ihre Nichterziehung und dann ihr unglücklicher Umgang mit wenig achtungswerten Frauen that das weitere. Der Zufall fügte es, dass ihnen auf ihren Lebenswegen nur wenig edle Frauen begegneten. Rousseau sucht zwar durchaus Mme de Warens zu einer solchen zu machen, wir können ihm hierin aber nicht beipflichten; unleugbar hat sie manches Gute für ihn gewirkt, aber das Schlechte, was er von ihr gelernt, überwiegt doch. So lernte Byron meist auch nur Schlechtes von den Frauen, sie zeigten sich ihm von der ungünstigsten Seite. Sie waren beide die Opfer derselben, sie waren beide die Verführten[2]); und wiederum, so wie sie, so ihre Helden: Saint Preux ist der Verführte, und Julie schreibt sich in beiden Fällen nicht mit Unrecht die Schuld zu; Don Juan wird ebenfalls von Frauen verführt, und zwar zuerst ehe er zur Besinnung über sich selbst gekommen ist, und später ohne sein Zuthun und fast gegen seinen Willen. Die Folge davon war, dass die Frauen ihnen lebenslänglich wenig Achtung einflössten, und dass beide ihnen, gegenüber den Männern, eine sehr untergeordnete Rolle zuwiesen. Byron stellte einmal alle Eigenschaften zusammen, die nach seiner Meinung den weiblichen Charakter bildeten: (Shakespeare's) *Cleopatra strikes me as the epitome of her sex — fond, lively, sad, tender, teasing, humble, haughty, beautiful, the devil!* —

---

[1]) M. I. 469. cf. Ap. 98. 99.

[2]) In Bezug auf Rousseau verweisen wir auf die Confessions; Byron sagt von sich: *I have been more ravished myself than anybody since the Trojan war.* To Hoppner, October 29, 1819.

coquettish to the last, as well with the „asp" as with Antony.¹)

Die Eigenschaften *fond* und *tender* befinden sich in der *douceur*, die Rousseau für eine so hervorragende Eigenschaft des Weibes hält²). Die Zusammenstellung von *lively* und *sad*, von *humble* und *haughty* deutet an, dass Byron sowohl wie Rousseau die Frauen für *toujours extrêmes*³) hielt. Die Eigenschaft *beautiful* verlangten sie alle beide von ihnen ohne Frage, und *coquettish* waren sie auch nach Rousseau: *La femme est coquette par état*³); *Sophie* (sein Ideal) *aime la parure et s'y connaît*³). Ihre Meinung war daher, dass es die Hauptaufgabe der Frau sei, dem Manne äusserlich zu gefallen, was Rousseau geradezu mit den Worten ausdrückt: *La femme est faite spécialement pour plaire à l'homme*⁴). Deswegen waren sie auch mit der unabhängigen, ja herrschenden Stellung der Frau in der Gesellschaft sehr wenig zufrieden, sie hatten mehr eine orientalische Ansicht von ihr und ihrem Berufe. So sagt Rousseau: *Pour moi, je voudrais qu'une jeune Anglaise cultivât avec autant de soin les talents agréables pour plaire au mari qu'elle aura, qu'une jeune Albanaise les cultive pour le harem d'Ispahan*³), und Byron stimmt ihm mit den Worten bei: *Thought of the state of women under the ancient Greeks — convenient enough. Present state a remnant of the barbarism of the chivalry and feudal ages — artificial and unnatural. They ought to mind home — and be well fed and clothed — but not mixed in society*⁵). *Well educated, too, in religion — but to read neither poetry nor politics — nothing but books of*

---

[1]) Journal, Nov. 16. 1813.

[2]) *La première et la plus importante qualité d'une femme est la douceur.*   Ém. V.

[3]) Ém. V.

[4]) Ém. V. cf. Ap. 100—102.

[5]) Auch Rousseau gefällt es sehr, dass *les Grecques, une fois mariées, ne paraissaient plus en public*.

piety and cookery. Music — drawing — dancing — also a little gardening and ploughing now and then[1]).

Niedriger konnte die Stellung der Frau in der Gesellschaft, äusserlicher ihr Verhältnis zum Manne wohl nicht aufgefasst werden. Die Liebe beruht demgemäss bei beiden Dichtern auch vor allem auf dem äusseren Eindruck und bleibt rein äusserlicher, sinnlicher Natur; sie, wie ihre Helden, sind schnell und leidenschaftlich verliebt. Von ihnen selbst haben wir das zur Genüge gesehn. Von seinem Musterschüler Émile sagt Rousseau, als derselbe zum ersten Mal Sophie sieht: *Il ne parle plus, il ne répond plus, il ne voit que Sophie, il n'entend que Sophie. — Est-il fou, de se passionner ainsi pour une inconnue à laquelle il n'a jamais parlé*[2])? Auch bei Byrons Helden besteht die Liebe im Gefallenfinden am reinen Äussern, sie entsteht bei ihnen nicht, Byron lässt dieselbe sich nicht allmählich entwickeln, sie ist urplötzlich da mit ihrer ganzen packenden Gewalt[3]). Ihre Liebe ist wesentlich Leidenschaft, ist ein schnell aufflackerndes, alles verzehrendes Feuer[4]), ist den ganzen Menschen so ergreifend und so in Aufregung versetzend, wie es der Wahnsinn sonst nur thut[5]). Auf Momente höchster Aufregung folgt aber naturgemäss ein Rückschlag, folgt Abgespanntheit und Niedergeschlagenheit. So zeigt sich auch hier wieder ihre Neigung zum Extrem. Sie kennen *no tame, trite medium*[6]). *S'animer modérément*, sagt Rousseau von sich, *n'est pas une chose en sa puissance. Il faut qu'il soit de flamme ou de glace; quand il est tiède, il est nul*[7]). Von der Höhe der Leidenschaft verfallen sie in

---

[1]) Diary, Jan. 6. 1821. Auch Rousseaus und Byrons wahrhaft orientalisch ausschweifende Phantasie war an dieser Auffassung von den Frauen wohl nicht ohne Mitwirkung, so lässt Rousseau einmal Saint Preux schreiben: *Objet adoré, fille enchanteresse, source de délice et de volupté, comment en te voyant ne pas voir les Houris faites pour les bienheureux?*
N. H. II. 16.

[2]) Ém. V.

[3]) *Je ne suis plus à moi; mon âme aliénée est toute en toi.* N. H. I. 31. *I lost my being all to be absorb'd in thine.* Lament VI.

[4]) cf. Ap. 103—105.   [5]) cf. Ap. 106—108.   [6]) Byron.   [7]) 2. Dial.

die Tiefe eines kaum dämmernden Bewusstseins: *L'ardeur de ses passions les consumait, les dévorait elles-mêmes; après de fortes et rapides explosions elles s'anéantissaient aussitôt et le laissaient retomber dans l'engourdissement*[1]. *Quand il n'est pas tenté, il reste dans sa langueur*[2]. *I am in that state of languor which will derive benefit from getting into a passion*[3]. *The more violent the fatigue, the better my spirits for the rest of the day; and then my evenings have that calm nothingness of languor which I most delight in*[4].

Die Ausbrüche der Leidenschaft sind aber gewöhnlich nur kurz im Vergleich mit der sonstigen geistigen Abspannung, sie sind gleichsam nur Blitze[5], schnell durch die trübe Atmosphäre der Alltagsstimmung fahrend, die eben in der gewöhnlichen Niedergeschlagenheit besteht: *L'engourdissement paraît être son état permanent et naturel*[6]; *son état habituel fut et sera toujours l'inertie d'esprit*[6]. *I think that I may call this dejection constitutional*[7]. *What I cannot get rid of is the growing depression of my spirits*[8].

Mit einer solchen Schlaffheit und Ermüdung des Geistes geht aber eine allgemeine Gleichgültigkeit Hand in Hand, eine allgemeine Teilnahmlosigkeit und

---

[1] 2. Dial.   [2] 2. Dial.
[3] to Murray, Apr. 12. 1814.
[4] Journal: Apr. 10. 1814. cf. Ap. 117—119.
[5] *Dans de courts moments d'effervescence capable de vigueur et d'élévation.*   2. Dial.
[6] 2. Dial.   [7] to Murray, Sept. 20. 1821.
[8] to Moore, Oct. 6. 1821. *Many of them (the poems: Hours of Idleness) were written under great depression of spirits, and during severe indisposition: — hence the gloomy turn of the ideas.*
to M. Bankes, March, 6. 1807.
I am not sure that long life is desirable for one of my temper and constitutional depression of spirits, which of course I suppress in society, but which breaks out when alone, and in my writings, in spite of myself ... I call it constitutional, as I have reason to think it.
to Murray, Sept. 20. 1821.
You seem to think that I could not have written the Vision under the influence of low spirits; but I think there you err.
to Moore, Nov. 16. 1821. cf. Ap. 120—126.

Blasiertheit. Rousseau und Byron waren schon sehr jung mit allem bekannt geworden, was dieses Leben teils an Genüssen, teils an Leiden und Schmerzen bieten kann, es enthielt bald für sie nichts Neues und Schönes mehr, was es lebenswert machen konnte; so bildet denn die Langeweile und die Blasiertheit eine hervorragende Charaktereigenschaft bei ihnen und ihren Helden. *Cet ennui de tout m'a de bonne heure jeté dans la lecture*[1]). *Succès, revers, discours publics, tout m'est de la plus grande indifférence*[2]). *I feel quite enervated and indifferent*[3]). *I have been all my lifetime more or less „ennuyé"*[4]). *I am dull and drowsy as usual*[5]). Auch Rousseaus Émile und St. Preux sind blasiert, ihr Schöpfer hat ihnen dieselbe Verachtung der menschlichen Verhältnisse und der Menschen selbst eingeflösst, die er für dieselben besass. Von der Blasiertheit der Byronschen Helden noch ausführlich zu sprechen, hiesse Eulen nach Athen tragen.

Schon jung dem Fluche der Übersättigung verfallen, haben Rousseau und Byron wohl kaum in ihrem Leben erfahren, was wahres Glück heisst. Mit schmerzlicher Resignation lässt der erstere Julie an den Geliebten ihrer Jugend schreiben: *Mon cher ami, il n'y a point de vrai bonheur sur la terre*[6]), und an den folgenden zwei Stellen giebt er demselben Gedanken Ausdruck: *Le bonheur? Chacun le cherche et nul ne le trouve. On use la vie à le poursuivre, et l'on meurt sans l'avoir atteint*[7]). *Vils jouets d'une aveugle fortune, tristes victimes d'un moqueur espoir, toucherons-nous sans cesse au plaisir qui fuit, sans jamais l'atteindre?*[8]) So kennt auch Byron nur *joy that ends in agony or faintness*[9]), so endet gewöhnlich ein fröhliches

---

[1]) 2. L. à Malesherbes, janv. 1762.
[2]) L. à M. M . . . 9 mars 1759.
[3]) to Moore, Aug. 3. 1814. cf. Ap. 116.
[4]) Diary. Jan. 6. 1821.
[5]) to Dallas. Sept. 23. 1811. cf. Ap. 112—115.
[6] N. H. IV. 15.
[7]) Ém. V.   [8]) N. H. I. 53.   [9]) Manfr. II. 2.

Lachen bei ihm mit einem *singulier et touchant soupir*[1]). Traurig ruft er aus: *Alas! it is delusion all!* und ist überzeugt, dass:

> *When all is won, that all desire to woo,*
> *The paltry prize is hardly worth the cost*[2]).

Was bleibt da als einziges Glück übrig? Die Hoffnung, die ewige Hoffnung[3]); aber auch sie bietet keine wirkliche Befriedigung, denn sie nur *cheats us from afar*[4]).

So finden wir denn Rousseau und Byron mit sich[5]) und der Welt[6]) tief zerfallen, ganz unzufrieden mit sich selbst und mit allem, was sie umgab[7]).

In ihrer Jugend waren sie Idealisten[8]) gewesen, dann kam die Enttäuschung[9]) und dann die Verbitterung[10]). Aber die Erbitterung fehlte auch nicht. Wären sie ruhige und stille Menschen gewesen, so hätte ihre Unzufriedenheit weiter keinen Ausdruck gefunden, aber sie waren gewaltige, umstürzende Charaktere. Und welche seltsame Inkonsequenz![11]) So ohnmächtig sie waren in Bezug auf den Kampf mit sich selbst, so kraftvoll, so unermüdlich waren sie im Kampf gegen alles, was sie in der Welt

---

[1]) Worte der Gräfin Guiccioli.   [2]) Ch. H. II. 35.

[3]) *Julie: Malheur à qui n'a plus rien à désirer! Il perd, pour ainsi dire, tout ce qu'il possède. On jouit moins de ce qu'on obtient que de ce qu'on espère, et l'on est heureux qu'avant d'être heureux.*
                                N. H. VI. 8.

What sensation is so delightful as Hope? and if it were not for Hope, where would the Future be? — in hell. It is useles to say where the Present is, for most of us know; and as for the Past, what predominates in memory? — Hope baffled. Ergo in all human affairs, it is Hope — Hope — Hope!   Diary. Jan. 28. 1821.

[4]) Stanzas for Music.

[5]) *Je trouve en moi un vide inexplicable.* 3. L. à Malesherbes.
My existence is a dreary void. to Dallas. Sept. 7. 1811.

[6]) cf. Ap. 136.

[7]) *Jamais je n'étais parfaitement content d'autrui ni de moi-même.* 8 Prom.

[8]) *His early dreams of good outstripp'd the truth.*   Lara.

[9]) *Warp'd by the world in disappointment's school.*   Lara.

[10]) *The heart once changed from soft to stern.*
                                Siege of Corinth. XII.

[11]) cf. Ap 140.

für schlecht hielten. Lebenslänglich gegen das Joch ankämpfend, das ihnen die Gesellschaft auferlegte, und den Menschen die Wege weisend, auf welchen sie zur persönlichen und staatlichen Freiheit gelangen konnten, seufzten sie selbst doch lebenslänglich unter diesem Joch und gelangten nie zur eigenen Freiheit. *Quand je m'élevais avec tant d'ardeur contre l'opinion je portais encore son joug sans que je m'en aperçusse*[1]). *For ever warring with the world's will, yet living in the world's breath*[2]).

Es scheint, als wenn die Unzufriedenheit mit sich selbst bei ihnen einen Ausweg fand in dem beredten Tadel alles dessen, was sie umgab, als wenn es für sie, die mit sich selbst zerfallen waren, ein Trost war, ihren Mitmenschen zuzurufen, dass sie nicht besser wären als sie selbst. Von der Natur waren sie beide mit einem sehr scharfen Auge begabt worden für die Lächerlichkeiten, die Schwächen und Fehler der Menschen. Ihr Lebenslauf, der sie schon jung reich an Erfahrungen gemacht hatte, trug nur dazu bei, diese ihre Eigenschaft noch mehr auszubilden, und das von den Menschen erlittene Unrecht gab ihr noch den Stempel der Feindseligkeit und der Verachtung. Sie waren beide geborne Kritiker[3]), die mit nichts zufrieden waren[4]) und alles angriffen; sie waren geborne Männer des Kampfes[5]). Keine Schöpfung der Menschen, mochte sie socialer, politischer oder religiöser Natur sein, blieb von ihnen unangegriffen. Nichts und niemand scheuten sie; mit dem hinreissenden Feuer einer von tiefinnerster Ueberzeugung glühenden Beredsamkeit schleuderten sie ihre Geistesblitze gegen alles, was ihnen falsch und schlecht erschien, ihrem hohen Ideal nicht entsprach. Ohne Rücksicht auf sich oder andere, selbstlos ihrer Aufgabe hingegeben[6]), sogar ihre nächsten Freunde mit Tadel überschüttend, wenn sie glaubten,

---

[1]) 8. Prom. [2]) Moore II. 408. cf. Ap. 141. 142.
[3]) cf. Ap. 144. [4]) cf. Ap. 145.
[5]) cf. Ap. 146—151. [6]) cf. Ap. 143.

dass ihnen solcher gebührte, hatten sie sich schnell mit allen überworfen, und nur sehr wenig Menschen blieben übrig, die ihnen am Ende ihres Lebens nahe standen. Aber gerade ihr Alleinstehn, gerade ihre gänzliche Isoliertheit von der Welt liess sie, unabhängig wie sie von der Welt waren, dieser immer rücksichtsloser die Wahrheit sagen. Das Bewusstsein, allein gegen alle zu stehn, hob sie und kräftigte ihren Mut, ewig ungebeugt standen sie der Welt gegenüber: *Toutes les puissances de l'univers ne feraient pas fléchir un instant les directions de sa volonté*[1])! Stellen wir uns nicht beim Lesen dieser Worte unwillkürlich Manfred vor, wie er unbesiegt und unbesiegbar allen Gewalten der Hölle Trotz bietet, und Cain und Aholibamah, wie sie dies gegenüber denen des Himmels thun[2])?

Bevor wir aber dazu schreiten, ihre angreifende Stellung zur Gesellschaft, zur Politik und zur Religion[3]) näher ins Auge zu fassen, wollen wir zunächst sehen, mit welcher Art von Waffen sie diesen Angriff in ihren Schriften ausführten.

So sehr, wie sich ihre Dichternatur in allen ihren Werken (selbst in denjenigen Rousseaus, die durchaus nichts mit der Poesie gemein haben) deutlich zeigt, so sehr zeigt sich auch in allen, selbst in denen, die am meisten den Stempel dichterischer Vollendung tragen, die Tendenz beider, ihrer satirischen Naturanlage zu folgen und ihrer Unzufriedenheit und Kampfeslust eine Sprache zu leihen. Sie lieben beide, und in ihren Hauptwerken am allermeisten, die Abschweifung[4]), und sie benutzen diese, um den Leser für Ueberzeugungen zu gewinnen, die der Poesie eigentlich fern liegen, und die sich deshalb selten mit ihr zusammen verwebt finden.

---

[1]) 2. Dial.
[2]) Byron behandelte auch das Thema von Prometheus.
[3]) cf. Ap. 170.
[4]) cf. Ap. 152. 153.

In dem Hauptwerk Rousseaus in rein litterarischer Beziehung, der Nouvelle Héloïse, finden wir die Tendenz zu Exkursen vollauf bestätigt, ja, dieselben nehmen in seiner zweiten Hälfte derart überhand, dass dadurch der Gang des eigentlichen Romans in hohem Grade beeinträchtigt wird. Lassen wir darüber Rousseau selbst sich aussprechen: *L'objet du livre* (der Nouv. Hél.) *était de rapprocher les partis opposés par une estime réciproque, d'apprendre aux philosophes, qu'on peut croire en Dieu sans être hypocrite, et aux croyants, qu'on peut être incrédule sans être un coquin. Julie, dévote, est une leçon pour les philosophes, et Wolmar, athée, en est une pour les intolérants. Voilà le vrai but du livre*[1]).

Wenn man diese Worte liest, sollte man kaum glauben, dass der Roman die hinreissendsten Stellen wahrer Leidenschaft enthält, die vielleicht je geschrieben. Aber Rousseau bietet in seinem Buch eine dichterische und eine tendenziöse Seite dar. Die letztere erstreckt sich nicht bloss auf die Religion, wie es nach der angeführten Stelle scheinen kann, sondern auf alle möglichen Gebiete dieses Lebens[2]).

Ebenso zeigte Byron schon in seinem ersten Werke die Neigung, fernliegende Themata einzuführen. Bevor er die ersten zwei Gesänge des Childe Harold veröffentlichte, strich er aus denselben eine Menge Stellen, die sich zu wenig in den Zusammenhang des Ganzen fügten und durch ihren Inhalt Anstoss erregt hätten. Im zweiten Gesang des Childe Harold hielt Byron allerdings noch an der Persönlichkeit fest, die das Bindeglied der im Gedichte gegebenen Betrachtungen ist, aber wie Rousseau in den letzten Teilen der Nouvelle Héloïse

---

[1]) L. à Vernes, 24 juin 1761.

[2]) So wenig Zweifel herrschen kann über die Nichtberechtigung solcher Abschweifungen in einem Kunstwerk, wie ein Roman es sein soll, und wie die Nouvelle Héloïse es ist, so können wir doch nicht sagen, dass dieselbe dadurch geradezu unleserlich und ungeniessbar gemacht wird.

den Faden der Begebenheiten allmählich immer mehr von Reflexionen über die verschiedensten Gegenstände zerrissen werden lässt, so auch Byron im dritten und vierten Gesang des Childe Harold. Im dritten tritt die Persönlichkeit des Childe immer mehr zurück, im vierten lässt der Dichter sie vollständig fallen. Ähnlich im Don Juan. Exkurse finden wir im ganzen Gedicht vor, aber in den letzten Gesängen nehmen sie überhand. Wenn auch der Held des Gedichtes nicht wie Childe Harold, nach und nach in den Hintergrund tretend, schliesslich ganz verschwindet, so giebt Byron doch allmählich statt der Begebenheiten und Erlebnisse immer mehr Schilderungen und Betrachtungen. Der Inhalt dieser Betrachtungen ist nun bei beiden der mannigfaltigsten Art und doch in einer Hinsicht immer derselbe: er ist eine, sich immer wiederholende Kritik der Gegenwart.

Aber nicht nur in ihren Hauptwerken finden wir diese Neigung zur Kritik, sondern, wie wir sagten, mehr oder weniger in allem, was sie geschrieben. Bei Rousseau besonders noch im Discours sur les Sciences et les Arts, im Discours sur l'Inégalité, im Contrat, im Émile, in den Lettres de la Montagne, und in den Briefen an Mgr. de Beaumont und an d'Alembert. Von Byrons Schriften enthalten ausser Childe Harold und Don Juan die folgenden die meiste Kritik: English Bards and Scotch Reviewers, Hints from Horace, The Curse of Minerva, The Waltz, Cain, The Vision of Judgment, The Age of Bronze.

Bezeichnend ist auch, dass beide Schriftsteller daran dachten, in einer Zeitschrift die Schäden der Zeit blosszulegen, und bezeichnend sind die Namen, die sie diesen Veröffentlichungen geben wollten. Rousseau beabsichtigte zusammen mit Diderot *Le Persifleur* herauszugeben, Byron mit Leigh Hunt *The Liberal;* beide hatten für diese Zeitschriften auch schon Artikel geschrieben, aber Le Persifleur sah nie das Licht der Welt, und The Liberal erlebte nur vier

Nummern. Ein Hauptgrund des Scheiterns dieser Unternehmungen lag in den Zerwürfnissen, in die beide mit ihren Partnern gerieten, und die zur Folge hatten, dass letztere nach ihrem Tode nichts scheuten, um ihr Andenken zu untergraben, das Andenken derer, die sie einst stolz waren, ihre Freunde zu nennen. —

Rousseau und Byron griffen zunächst die Gesellschaft an und suchten alle Schäden derselben aufzudecken. Schon vor ihnen gab es Männer, die dies gethan hatten, aber keine, die mit dem Schwunge einer solchen hinreissenden Beredsamkeit ihre Meinung vorgetragen: es waren eben wahre Dichternaturen, die hier sprachen. Mit welchen Farben schildert Rousseau in seinen Discours die Verkommenheit der menschlichen Gesellschaft! Hier nur ein Beispiel: *Plus d'amitiés sincères; plus d'estime réelle; plus de confiance fondée. Les soupçons, les ombrages, les craintes, la froideur, la réserve, la haine, la trahison, se cachent sans cesse sous cette urbanité si vantée que nous devons aux lumières de notre siècle*[1]).

Ebenso schlecht hat Byron die Gesellschaft gefunden:

> *Few men dare show their thoughts of worst or best;*
> *Dissimulation always sets apart*
> *A corner for herself*[2]).
> *There's ...*
> *A sort of varnish over every fault;*
> *Factitious passions ...*
> *A want of that true nature which sublimes*
> *Whate'er it shows with truth*[3]).
> *I do believe,*
> *Though I have found them not, that there may be*
> *Words which are things, — hopes which will not deceive,*
> *And virtues which are merciful, nor weave*
> *Snares for the failing: I would also deem*
> *O'er others' griefs that some sincerily grieve;*
> *That two, or one, are almost what they seem, —*
> *That goodness is no name, and happiness no dream*[4]).

---

[1]) Sc. et A. [2]) D. J. XV. 3. [3]) D. J. XIV. 16. [4]) Ch. H. III. 114.

Der Discours sur les Sciences et les Arts wurde schon gleich bei seinem Erscheinen von Voltaire bezeichnet als *le premier écrit de Rousseau contre le genre humain*. Es sind in der That auch weniger die Wissenschaften und Künste, mit denen der Verfasser sich beschäftigt, als die verderblichen Folgen, die aus einer falschen Betreibung derselben hervorgehen, wie er ähnlich den ganzen Discours sur l'Inégalité nur dazu benutzt, um zu zeigen, dass die menschliche Gesellschaft vom ersten Schritt, den sie vorwärts that, zu nichts anderem als zur höchsten Verworfenheit gelangen konnte. Diese den Menschen vorzuhalten war sein Hauptzweck: *J'ai vu les mœurs de mon temps et j'ai publié ce livre*[1]), und derjenige Byrons ebenfalls: *Don Juan is a satire on the abuses in the present state of society and not a eulogy of vice.*

Der Heuchelei und Lüge galt vor allem ihr Angriff, sie waren die erbittertsten Feinde derselben, denn sie selbst waren in jeder Beziehung von einer seltenen Offenheit und Wahrheitsliebe. Rousseau nennt sich: *Un homme sans fard et sans fiel*[2]). *Ouvert et franc jusqu'à l'imprudence, détestant le mystère et la fausseté*[3]). Moore rühmt *the openness and overfrankness of his* (Byrons) *nature*[4]). Rousseau sagt: *Mon cœur, transparent comme le cristal, n'a jamais su cacher durant une minute entière, un sentiment un peu vif qui s'y fût réfugié*[5]), und ebenso gesteht Byron: *I have never concealed a single thought that tempted me*[6]). Sie waren übertrieben offen: *Son cœur, fait pour s'attacher, se donnait sans réserve*[7]). *Even with the casual acquaintances of the hour his heart was upon his lips*[8]). Beide hassten alle Ungewissheiten, alle Heimlichkeiten[9]) und liebten es, ihre Meinung unverschleiert auszusprechen, unbekümmert, ob sie verletzte[10]). Die Wahrheit ging ihnen über alles. Der Wahlspruch Rousseaus war: *Vitam impendere vero*. Wie

---

[1]) La N. H.   [2]) Hist. des Dialogues.   [3]) 2. Dial.
[4]) M. II. 508. Beachten wir, dass sie beide fast dieselben Worte gebrauchten: ouvert — openness, franc — overfrankness.
[5]) Conf. IX.   [6]) to Moore, Apr. 9. 1814.   [7]) 1. Dial.
[8]) M. II. 510.   [9]) cf. Ap. 154—155.   [10]) cf. Ap. 156—158.

ihm die Wahrheit das höchste, das kostbarste aller Güter war[1]), so hielt Byron sie für die erste, die vornehmste, die hervorragendste Eigenschaft der Gottheit[2]). Sie selbst fühlten sich als Wahrheitsverkünder: *Annoncer la vérité,* sagt Rousseau, *j'ose me croire appelé à cette vocation sublime*[3]). *Mon talent était de dire aux hommes des vérités utiles mais dures, avec assez d'énergie et de courage*[4]). Byron nennt sich *too sincere a poet*[5]) und seine Muse die offenherzigste von allen:

> *But this I must say in my own applause,*
> *Of all the Muses that I recollect,*
> *Whate'er may be her follies or her flaws*
> *In some things, mine's beyond all contradiction*
> *The most sincere that ever dealt in fiction*[6]).

Beide waren deshalb dazu geschaffen, die schwüle Atmosphäre der Gesellschaft von jenen faulen Dünsten zu reinigen, die durch eine verderbliche Überkultur in ihr angehäuft waren, der gesellschaftlichen Lüge die gleissnerische Maske vom Gesicht zu reissen, alle Scheinheiligkeit und allen *cant* schonungslos aufzudecken. Sie strebten redlich danach, die Menschen von der Amme zu entwöhnen, die sie in trägen Schlaf eingelullt hielt: der Gewohnheit; sie zu befreien von dem jeden geistigen Fortschritt hemmenden Glauben an die Göttlichkeit und Unantastbarkeit der Tradition, von der jede individuelle Meinung unterdrückenden, mit Vorurteilen gespickten öffentlichen Meinung. Mit aller Macht kämpften sie an gegen *l'opinion, ce monstre qui dévore le genre humain*[7]), gegen:

> *Opinion, an omnipotence, — whose veil*
> *Mantles the earth with darkness, until right*
> *And wrong are accidents, and men grow pale*
> *Lest their own judgments should become too bright,*
> *And their free thoughts be crimes, and earth have too much light*[8]).

---

[1]) cf. Ap. 159. 161.   [2]) cf. Ap. 160.
[3]) L. à M... 28. Nov. 1754.   [4]) Conf. XI. cf. Ap. 162—165.
[5]) D. J. XI. 87.   [6]) D. J. XVI. 2. cf. Ap. 166.
[7]) L. à M. l'A. M. 9 févr. 1770. cf. Ap. 167.   [8]) Ch. H. IV. 93.

Gegen die öffentliche Meinung kämpften sie und deshalb auch gegen diejenigen, welche vor allem dieselbe machten, die hauptstädtischen Gesellschaftskreise. Ihnen schreibt Rousseau die grösste Schuld an der Verderbtheit der Sitten seiner Zeit zu, er tadelt alle ihre Laster in den härtesten Ausdrücken, er findet in ihnen keine Menschen, sondern nur Larven[1]. Wie er, so verabscheut auch Byron jene Kreise: *I have no passion for circles, and have long regretted that I ever gave way to what is called a town life; which of all the lives I ever saw (and they are nearly as many as Plutarch's), seems to me to leave the least for the past and future*[2].

Besonders verspotteten sie die Art der Unterhaltung, die in jenen Kreisen herrschte: Rousseau spricht über sie in zwei Briefen der Nouvelle Héloïse[3], Byron nennt sie *that abominable tittle-tattle*[4], — *talking without ideas*[5].

Sie gehen sogar so weit zu erklären, dass die menschliche Gesellschaft nur für Schlechte geschaffen ist[6], dass nur Egoisten in ihr erfolgreich und glücklich sind[7], dass sie den Menschen verdirbt, anstatt ihn zu bessern und zu heben[8].

Wie sie so die Schäden der Gesellschaft in socialer Beziehung aufdeckten, so auch in politischer, und auch hierzu schienen sie persönlich wie geschaffen. Es herrschte der Geist der Unterdrückung zu ihrer Zeit in ihren Heimatländern und in den meisten andern Staaten Europas; sie aber waren geradezu Apostel der Freiheit. Beide hassten aus ganzer Seele jede Art von Zwang, ihren Willen demjenigen anderer zu unterwerfen war ihnen unmöglich[9], sie waren echte Künstler-

---

[1] cf. Nouv. Hél. IV. 9: *De la politesse maniérée de Paris.*
[2] to Moore. March. 3. 1814. cf. Ap. 168.
[3] N. H. II. 14. 15.
[4] D. J. XII. 48.   [5] Journal, March 22. 1814. cf. Ap. 168.
[6] cf. Ap. 171—173.   [7] cf. Ap. 174—175.   [8] cf. Ap. 176—179.

[9] Lassen wir Rousseau die Entstehung seines so lebhaften Unabhängigkeitsgefühls selbst erklären; er schreibt es besonders dem Einflusse

naturen: persönliche Freiheit und Ungebundenheit ging ihnen über alles. *En toute chose la gêne et l'assujettissement me sont insupportables*[1]) sagt Rousseau und zieht es vor, lieber Notenkopist zu sein, aber unabhängig, als eine hohe Stellung einzunehmen und dann Rücksicht nehmen zu müssen auf die Wünsche oder Befehle von Vorgesetzten[2]). Er spricht von *cette vie indépendante pour laquelle je me sentais né*[3]), von seiner *tête qui ne peut s'assujettir aux choses*[4]) und seiner *mortelle aversion pour tout assujettissement*[5]). Wie für Rousseau die geringsten Pflichten, welche dies Leben auferlegt, fast unerfüllbar sind, ihm jedenfalls die allerschwerste Überwindung kosten[6]) wegen *cet indomptable esprit de liberté, que rien n'a pu vaincre, et devant lequel les honneurs, la fortune et la réputation même ne me sont rien*[7]), so gesteht Byron ganz offen: *I hate tasks* und *the fact is, I can't do any thing I am asked to do, however gladly I would*[8]). Dem ersten ist ein freies Leben, wenn auch in Zurückgezogenheit verbracht, mehr wert, als eine

---

zu, den die Lektüre Plutarchs auf ihn als Knaben hatte: *De ces intéressantes lectures, des entretiens qu'elles occasionnaient entre mon père et moi se forma cet esprit libre et républicain, ce caractère indomptable et fier, impatient de joug et de servitude* (Conf. I). Auch in späteren Jahren bleibt ihm Plutarch stets eine Lieblingslektüre, er nennt ihn *mon maître et consolateur Plutarch*. Zu bemerken ist, dass auch Byron eine Vorliebe für diesen Schriftsteller hatte, er gehörte ebenfalls zu seiner Jugendlektüre (cf. Ap. 182), er lässt sich eine englische Übersetzung desselben noch nach Ravenna nachschicken, obgleich er das Original und eine italienische Übersetzung schon in seiner Bibliothek hat (cf. Ap. 183), und er erwähnt ihn verschiedene Male in seinen Werken (cf. Ap. 184. 185).

[1]) Conf. 5.

[2]) *C'est par aversion de la dépendance et de la gêne que Jean-Jacques copie de la musique.*   2. Dial.

[3]) Conf. V.   [4]) Conf. IV.   [5]) Conf. III.

[6]) *Les moindres devoirs de la vie civile lui sont insupportables, un mot à dire, une lettre à écrire, une visite à faire, dès qu'il le faut, sont pour moi des supplices.*   1. L. à Malesherbes, janv. 1762.

[7]) 1. L. à Malesherbes, janv. 1762.

[8]) to Murray. Apr. 26. 1814.

glänzende Knechtschaft¹), der zweite möchte die Freiheit seines Denkens nicht gegen einen Thron eintauschen, selbst wenn jene Freiheit ein Geschiedensein von allen zur Folge hätte²).

So unabhängig wie sie selbst stehn auch ihre Geisteskinder da. St. Preux schwärmt für die persönliche Freiheit des Menschen und ist selbst in der That ganz unabhängig, gehört keinem bürgerlichen Berufe an. Im Émile malt Rousseau sozusagen das Ideal der individuellen Freiheit. Mit Recht hat man dies Buch genannt: la déclaration des droits de l'enfant et l'évangile de la nature et de la liberté. In einer grössern, innern wie äussern Unabhängigkeit, wie Émile, kann niemand leben: innerlich ist er der freie Herrscher seines Selbst, äusserlich von keinerlei Schranken eingeengt. Auch die Helden Byrons sind losgelöst von der menschlichen Gesellschaft, und was hat sie hierzu veranlasst? Ihr unbändiger, unbesiegbarer Freiheitsdrang; die conventionellen Schranken sind ihnen zu eng, sie fliehen hinaus aus der Gesellschaft, um, keiner Kaste und keinem Berufe angehörend, nach ihrem eigenen Belieben und Willen zu leben. In Manfred tritt diese Neigung Byrons, seinem Helden den eigenen Unabhängigkeitsgeist einzuflössen, am deutlichsten und schönsten hervor. Der ganze Manfred ist eine Hymne auf die Selbständigkeit, die ewige Freiheit des Menschengeistes; allen Mächten gegenüber macht Manfred diese geltend, und siegreich geht er aus dem Kampfe mit ihnen hervor, die Geister fliehen, als sie sehen, dass sie über ihn keine Gewalt haben.

Es ist leicht erklärlich, dass Rousseau und Byron, selbst unabhängig dastehend, bei ihrem ausgeprägten Sinn für alles Rechte, auch danach strebten, ihren Mitmenschen eine gleiche Unabhängigkeit erringen zu helfen. *Freedom*

---

¹) *C'est que j'estime mieux une obscure liberté qu'un esclavage brillant.*
²) *I may stand alone*   Rousseau.
But would not change my free thought for a throne.
       D. J. X. 90.

war zu ihrer Zeit *a forbidden fruit*¹), sie trugen besonders dazu bei, dass die Menschen dieselbe dennoch pflückten; ihre feste Überzeugung war, dass nur unter dem Schutze der Freiheit eine wahre und reine Menschlichkeit gedeihen könnte²). Deshalb liehen sie dem Unwillen ihrer Zeitgenossen über die allgemein herrschende Unterdrückung ihre beredte Sprache. Sie waren die rechten Männer zur rechten Zeit; ihre persönlichen Interessen verschmolzen sie mit den öffentlichen, mit denjenigen der ganzen Menschheit. Das Unrecht, was andere erlitten, fühlten sie selbst, dank ihrem mitfühlenden, so leicht erregbaren Herzen. *Quand je lis les cruautés d'un tyran féroce*, sagt Rousseau, *les subtiles noirceurs d'un fourbe de prêtre, je partirais volontiers pour aller poignarder ces misérables, dussé-je cent fois y périr*³). So kochte Byrons Blut, wenn er an die grausame Behandlung der *framebreakers* in Nottingham, an die Sklaverei in Amerika oder an die Niederwerfung der Freiheit des italienischen Volkes dachte. Tief wie wenige fühlten sie beide den Schmerz aller Unterdrückten mit, und deshalb konnten sie diesem den wahrsten, ergreifendsten Ausdruck verleihen⁴).

Den ganzen Zorn und Hass, die ganze Verachtung, dessen ihr für Gerechtigkeit glühendes Herz fähig war, gossen sie über die Tyrannen aus⁵). Wir finden dies, sobald wir nur eine einzige der politischen Schriften Rousseaus in die Hand nehmen, und auch Byron ergreift überall gern die Gelegenheit dazu. Besonders in seinen beiden venetianischen Dramen. Marina (in *The two Foscari*) ist unerschöpflich in ihren Deklamationen gegen die Unterdrücker, und *Marino Faliero* ist nur ein einziger Fluch gegen die Tyrannenherrschaft, hier gegen die übermütige Adelsherrschaft Venedigs.

Rousseau nennt sich *l'ennemi des rois*⁶) und sagt von sich und seinem Schüler Emile: *Si nous étions rois et sages*,

---

¹) Manfred. II. 3.   ²) cf. Ap. 180. 181.
³) Conf. I.   ⁴) cf. Ap. 186. 187.   ⁵) cf. Ap. 188.
⁶) Lettre au roi de Prusse.

le premier bien que nous voudrions faire à nous-mêmes et aux autres, serait, d'abdiquer la royauté et de redevenir ce que nous sommes[1]). Byron sind keine Ausdrücke scharf genug, um die Könige zu geisseln, er nennt sie *these scoundrel sovereigns, these tarantulas, anthropophagi, butchers, hell's pollution, coxcombs*[2]), und bei alledem — verehrt er Napoleon und sieht nicht ohne Bewunderung zu dem tyrannischen Ali Pascha empor. Er hatte ohne Zweifel in seinem eigenwilligen, launischen Charakter manches, was an einen Despoten erinnerte, deshalb wirft ihm Stanhope despotische Principien vor[3]), und nennt ihn Walter Scott nicht mit Unrecht: *A patrician on principle*[4]). Byron hatte in der That trotz seiner ausgesprochenen Stellung als Whig einmal die ernste Absicht zu Hofe zu gehen. Mit dem Volke hat er überhaupt niemals wahrhaft sympathisiert, so oft er sich auch an den Freiheitsbestrebungen desselben beteiligte; und ebensowenig hat dies Rousseau gethan, wo er auch immer war, überwarf er sich bald mit der ganzen Nachbarschaft und Bevölkerung; er schreibt und schwärmt nur für die Freiheit des *peuple souverain* und des *conseil général*, er fasst das Volk immer zu sehr als Ganzes auf, als eine Masse, er denkt und fühlt zu wenig mit den einzelnen und lässt dieselben sich zu sehr in der Masse verlieren; er sagt selbst einmal, dass die allgemeine Liebe zur Menschheit seinem Herzen genüge, und dasselbe der Liebe zu einzelnen nicht bedürfe.

Er hasst alle Kriege[5]), schreibt über den ewigen Frieden und hält ihn für möglich, erklärt, das Blut eines einzigen Menschen sei ihm mehr wert als die Freiheit des ganzen Menschengeschlechts[6]), möchte auf keinen Fall an

---

[1]) Ém. V.   [2]) cf. Ap. 189—193.
[3]) cf. Ap. 195.   [4]) cf. Ap. 196.   [5]) cf. Ap. 198.
[6]) *Le sang d'un seul homme est d'un plus grand prix que la liberté de tout le genre humain.*
L. à Mme ... 27 sept. 1766.

einer Verschwörung teilgenommen haben[1]), — und dabei fordert er die unterdrückten Völker zum Aufstande auf, zur Verjagung und Tötung ihrer Tyrannen[2]).

Er sieht in jedem König einen Despoten, — und ist dabei nicht ohne Hinneigung zur monarchischen Staatsform, erklärt sie jedenfalls als die beste für die grossen Staaten und bittet den König von Preussen um ein Asyl[3]). Er hasst die Despoten, — und hat dabei viel Despotisches in seinem Charakter, wie könnte er sonst sagen: *On ne rend heureux les hommes qu'en les contraignant à l'être*[4]). Er bekennt sich zur Lehre Calvins, verlangt, dass der Bürger gänzlich im Staat aufgehe, befiehlt im Contrat eine Staatsreligion, ja, setzt auf ihre Verletzung Todesstrafe, — nachdem er in seinen beiden Discours für die absolute Freiheit des Individuums geschwärmt hat. Im Discours sur l'Inégalité verdammt er jedes Eigentum als das Grundübel, — im Émile dagegen verteidigt er es gerade als die erste Bedingung zu jeder Kultur.

Lebenslänglich verkehrt er mit Vorliebe mit den Grossen (so dass Gambetta sagen konnte *Rousseau était au fond un aristocrate*[5]), lässt sich von ihnen protegieren und sagt dabei: *Il y a vingt contre un à parier que tout gentilhomme descend d'un fripon*[6]). *Je hais les Grands, je hais leur état, leur dureté, leurs préjugés, leur petitesse et tous leurs vices, et je les haïrais bien davantage si je les mépriserais moins*[7]).

Sie hatten nach allem beide *no real conviction of the*

---

[1]) *Pour moi je vous déclare que je ne voudrais pour rien au monde être trempé dans la conspiration la plus légitime.*

L. à Mme ... 27 sep. 1766.

[2]) Ebenso oft schilt Byron auf die Kriege (D. J. VII. VIII. cf. Ap. 199—203), trägt dabei selbst immer Waffen bei sich, und fordert ebenfalls die Völker zur gewaltsamen Abschüttelung der Knechtschaft auf. cf. Ap. 197.

[3]) cf. Ap. 194.   [4]) *La Vertu des Héros.*

[5]) In der *République française*, Juli 1878.

[6]) N. H. I. 62.

[7]) 4. L. à Malesh. janv. 1762.

political principles[1]), denn die Politik war ihnen mehr eine Gefühlssache als eine Sache des Verstandes[2]), und ihr Gefühl gerade war ausserordentlich schwankend.

Aber so unbeständig sie auch in ihren politischen Ansichten waren, ihrem politischen Einfluss that dies doch keinen Abbruch, man sah darüber hinweg, wenn man es überhaupt bemerkte, und sie galten ohne Frage bei der überwiegend grössten Anzahl ihrer Zeitgenossen für die von der Vorsehung bestimmten Sprecher für Wahrheit, Freiheit und Recht. Was sie sagten, nahmen ihre Zeitgenossen als Evangelium hin, weil es ihnen selbst aus dem Herzen gesprochen war; so wurden beide wahre „Parteisymbole"[3]). In ihnen war sozusagen die ganze politische Bewegung ihrer Zeit personifiziert[4])

Rousseau sprach zuerst die revolutionären Ideen der Neuzeit in einer hinreissenden Sprache aus, er streute den Samen, der durch die Revolution zu sehr ins Kraut schoss und von der Reaktion fast zerstört wurde. Dann kam Byron, der pflegte ihn wieder, nahm die Tradition von Rousseau auf und wurde sein Nachfolger auf dem Gebiet des umfassendsten politischen Einflusses. Auch er wurde wie Rousseau der Vater einer Revolution, die er freilich nicht mehr erlebte, aber doch wie Rousseau weissagte, und zwar mit einer Bestimmtheit, die sie beide fast als Propheten erscheinen lässt. Allbekannt ist das Wort Rousseaus: *Nous approchons de l'état des crises et du siècle des révolutions;* er spricht ferner von *un prochain délabrement qui menaçait la France,* von dem *mécontentement général du peuple et de tous les ordres de l'état,* er will ausser Landes gehen, damit, *s'il arrivait que la grande machine vint à crouler,* er, alt und schwach und sich nach Ruhe sehnend, nicht von

---

[1]) W. Scott. cf. Ap. 187.
[2]) *Politics with me are a feeling.* to Murray. Jan. 22, 1814.
[3]) Keine Parteiführer oder Parteigänger. Kreissig.
[4]) cf. Ap. 204.

dem Ausbruch der Volksunruhen zu leiden hätte[1]). Auch Byron war ein Seher, schon bei seinem ersten Aufenthalt in Griechenland meinte er, dass schon alles reif dort wäre zur Empörung gegen die türkische Herrschaft, ebenso sagte er den Aufstand in Italien voraus[2]). Der Freiheit im allgemeinen verspricht er oft den endlichen Sieg:

> *They never fail who die*
> *In a great cause; the block may soak their gore;*
> *Their heads may sodden in the sun; their limbs*
> *Be struck to city gates and castle walls —*
> *But still their spirit walks abroad. Though years*
> *Elapse, and others share as dark a doom,*
> *They but augment the deep and sweeping thoughts*
> *Which overpower all others, and conduct*
> *The world at last to freedom*[3]). —
> *Yet, Freedom! yet, thy banner, torn, but flying,*
> *Streams like the thunder-storm against the wind;*
> *Thy trumpet voice, though broken now and dying,*
> *The loudest still the tempest leaves behind;*
> *Thy tree hath lost its blossoms, and the rind,*
> *Chopp'd by the axe, looks rough and little worth,*
> *But the sap lasts, and still the seed we find*
> *Sown deep, even in the bosom of the North;*
> *So shall a better spring less bitter fruit bring forth*[4]).

In besonders schwungvollen Worten verspricht er der Freiheit aber die Herrschaft und den Tyrannen den Untergang in der Ode on Waterloo:

> *But the heart, and the mind,*
> *And the voice of mankind,*
> *Shall arise in communion —*
> *And who shall resist that proud union?*
> *The time is past when swords subdued —*
> *Man may die — the soul's renew'd:*
> *Even in this low world of care*
> *Freedom ne'er shall want an heir;*

---

[1]) Conf. XI.
[2]) *I can't pretend to foresee what will happen among you Englishers at this distance, but I vaticinate a row in Italy.*
         to Murray. Apr. 24. 1820.
[3]) Fal. II. 2.
[4]) Ch. H. IV. 98.

Millions breathe but to inherit
Her for ever bounding spirit —
When once more her hosts assemble,
Tyrants shall believe and tremble —
Smile they at this idle threat?
Crimson tears will follow yet[1]).

Mit welch heissem Wunsche, es erfüllt und verwirklicht zu sehen, mit welcher Kraft des Ausdrucks, mit welcher Wärme der Empfindung streitet er hier für das, was er einmal für Recht erkannt. Unbekümmert um die Folgen predigten sie beide die Abwerfung des Joches der Knechtschaft, den Aufruhr und Tyrannenmord; in ihrem Unwillen über die traurigen politischen Verhältnisse ihrer Zeit kannten sie keine Grenzen; weil sie an die Beurteilung derselben als leidenschaftliche Dichter herangingen, waren sie in dieser Beurteilung viel zu einseitig. Es mangelte ihnen an wahrer Erkenntnis der Weltlage, es mangelte ihnen vor allem an Geschichtssinn, deshalb war ihre politische Thätigkeit mehr auflösend und niederreissend[2]) als aufbauend und neu schaffend, sie kritisierten und negierten die bestehenden Verhältnisse, aber es war ihnen nicht gegeben in gleicher Weise positiv wirksam zu sein.

Eine ähnliche Stellung wie zur Politik ihrer Zeit nahmen sie zu den religiösen Ansichten derselben ein, auch hier erwiesen sie sich meist als „Geister, die verneinen."

---

[1]) Mit den *crimson tears* glaubte er die Ermordung des Duc de Berri vorher gesagt zu haben. cf. Ap. 205.

[2]) Man warf ihnen vor, dass sie durch ihre Schriften die bestehende Weltordnung umzustossen suchten. *Ils l'accusèrent de vouloir renverser en tout l'ordre de la société parce qu'il s'indignait, qu'osant consacrer sous ce nom les plus funestes désordres, on insultât aux misères du genre humain en donnant les plus criminels abus pour les lois dont ils sont la ruine.*
2. Dial.

Redde a satire on myself, called „Anti-Byron", and told Murray to publish it if he liked. The object of the author is to prove me an atheist and a systematic conspirator against law and government.
Journal, March. 15. 1814.

Rousseau hat sein Glaubensbekenntnis niedergelegt in der *Profession de foi du Vicaire Savoyard*. Von seinen übrigen Schriften sind es besonders *La Lettre à Mgr. de Beaumont* und *La Nouvelle Héloïse*, in denen er von Religion spricht. Als Byrons Glaubensbekenntnis kann man sein Drama *Cain* bezeichnen; religiöse Gegenstände behandelt er dann noch in dem Mysterium *Heaven and Earth*, und den *Hebrew Melodies*, während man sonst noch seine und Rousseaus die Religion betreffenden Ansichten in allen ihren Werken verstreut findet.

Gerade diese ihre Glaubensansichten kennen wir nun sehr genau, und weil dieselben den Menschen am besten charakterisieren, so wird es von Interesse sein, zu sehn, wie sie gerade in diesem Punkte mit einander übereinstimmen.

Schon in Bezug auf ihre Lebensschicksale spielte die Religion eine überaus wichtige Rolle; man braucht nur *Le Vicaire Savoyard* und *Cain* zu nennen, um hieran sofort erinnert zu werden. Sie wurden wegen derselben für geschworne Feinde des Christentums gehalten, von allen Kanzeln herab verflucht, ja, geächtet und verfolgt. Aus den genannten Schriften erkennen wir allerdings sofort, dass beide gegenüber den zu ihrer Zeit herrschenden religiösen Richtungen vor allem Skeptiker waren, aber wir erfahren auch, dass es in der Religion sowohl wie in der Politik doch eine Anzahl von Punkten gab, die sie aus voller Überzeugung für wahr und unantastbar hielten. Betrachten wir sie zunächst als Skeptiker.

Bis zum Erscheinen des Vicaire Savoyard[1] hatte das positive Christentum kaum einen gleich scharfen Angriff erduldet; es lag das an der glänzenden Sprache, in welcher derselbe geführt wurde. Auch Voltaire und die Encyklopädisten thaten ihr Möglichstes, um das Christentum, wie es damals gelehrt wurde, in Misskredit zu

---

[1] Die Profession befindet sich im IV. Buche des Émile.

bringen, aber keinem stand die Waffe einer solchen Sprache zu Gebot. Hierin wiederum sind beide sich ähnlich: die Form, in der sie ihre Zweifel äusserten und durch die sie so sehr auf Mit- und Nachwelt wirkten, ist ein Kunstwerk im eigentlichen Sinne des Worts.

Worin bestand nun ihr Skepticismus? Darin, dass sie eine Reihe von Dogmen leugneten, die Offenbarung verwarfen, und den Verstand als einzig massgebende Autorität hinstellten. So sagt Rousseau: *Ne donnons rien au droit de la naissance et à l'autorité des pères et des pasteurs; mais rappelons à l'examen de la conscience et de la raison tout ce qu'il nous ont appris dès notre enfance. Ils ont beau me crier: soumets ta raison; autant m'en peut dire celui qui me trompe; il me faut des raisons pour soumettre ma raison*[1]. *Quand un homme ne peut croire ce qu'il trouve absurde, ce n'est pas sa faute, c'est celle de sa raison*[2]. Byron stimmt ihm mit den Worten bei: *It is useless to tell me not to reason, but to believe. You might as well tell a man not to wake, but to sleep*[3]. *A man's creed does not depend upon himself: who can say, I will believe this, that, or the other? and least of all, that which he least can comprehend*[4].

Zu diesen Dingen, die sie nicht verstehen konnten, gehörte, wie gesagt, die Offenbarung. Mit den Zweifeln an derselben beschäftigt sich Rousseau ganz ausführlich: *La seconde partie de la Profession du Vicaire Savoyard propose des doutes et des difficultés sur les révélations.* Er sagt: *Aucune prophétie ne saurait faire autorité pour moi*[5], er ruft aus: *Toujours des livres! Que d'hommes entre Dieu et moi!* und verwirft damit die Vermittlerrolle irgend eines Menschen. Auch Byron thut dies, wenn er im Childe Harold äussert:

---

[1] Ém. IV.   [2] L. à d'Alembert.   [3] Memoirs. M. II. 515.
[4] to Mr. Sheppard. Dec. 8. 1821.
[5] Ém. IV.

> *I speak not of men's creeds — they rest between*
> *Man and his Maker*[1]*),*

und wenn er auf die Aufforderung des Abtes:

> *Reconcile thee*
> *With the true church, and through the church to Heaven,*

Manfred antworten lässt:

> *I hear thee. This is my reply: Whate'er*
> *I may have been, or am, doth rest between*
> *Heaven and myself. — I shall not choose a mortal*
> *To be my mediator*[2]*).*

Damit gaben sie zugleich zu erkennen, dass der Kirchenglaube nicht der ihrige wäre, sagten sich so von ihrer Kirche los und konnten sich deshalb nicht wundern, dass dieselbe sich auch von ihnen lossagte und sie als ausgestossene Kinder, als Geächtete behandelte. Dafür deckten sie nun wieder rücksichtslos die Schäden der Kirche und die Fehler ihrer Diener auf; so legt Byron Childe Harold die scharfen Worte in den Mund:

> *Foul Superstition! howsoe'er disguised,*
> *Idol, saint, virgin, prophet, crescent, cross,*
> *For whatsoever symbol thou art praised,*
> *Thou sacerdotal gain, but general loss!*
> *Who from true worship's gold can separate thy dross*[3]*)?*

so sagt Rousseau von Émile:

> *Il avait vu que la religion ne sert que de masque à l'intérêt, et le culte sacré de sauve-garde à l'hypocrisie: il avait vu dans la subtilité des vaines disputes, le Paradis et l'Enfer mis pour prix à des jeux de mots; il avait vu la sublime et primitive idée de la Divinité, défigurée par les fantasques imaginations des hommes*[4]*).*

Die Frage nach dem Paradies und der Hölle, die Frage nach dem Leben im Jenseits schien ihnen besonders von den Menschen verwirrt und verdreht worden zu sein. Vor allem war es die Idee der Hölle, die in ganz auffallender Weise beiden viel Kopfzerbrechen ver-

---

[1]) Ch. H. IV. 95.
[2]) Manfred III, 1.
[3]) Ch. H. II. 44.   [4]) Ém. IV.

ursachte. Rousseau berichtet im sechsten Buch der Confessions, wie sehr ihn schon jung der Gedanke quälte, vielleicht ewig zu Höllenstrafen verdammt zu sein. *Malgré tout ce qu'on m'avait pu dire, la peur de l'enfer m'agitait encore souvent. Si Maman ne m'eût tranquillisé l'âme, cette effrayante doctrine m'eût enfin tout à coup bouleversé*[1]).

Um zu sehn, ob er zur Hölle verdammt wäre oder nicht, wirft er mit einem Stein nach einem Baum, träfe er ihn, so sollte das letztere, träfe er ihn nicht, so sollte das erstere der Fall sein, er traf ihn — aber er hatte sich auch vorsichtigerweise nahe genug gestellt. So unwichtig diese Anekdote auch an sich ist, so charakteristisch ist sie doch für ihn und seine Angst vor der ewigen Verdammnis. Bei Byron war diese ebenso gross, er zieht dem Aufenthalt in der Hölle ohne Frage das buddhistische Nirwana vor, für das er eine Vorliebe hegte[2]). Wenn Rousseau auch nicht, wie bisweilen Byron, das Leben eines jeden nach dem Tode von einem *eternal and dreamless sleep* gefolgt sein liess, so war er doch wie Byron der Ansicht, dass das Leben der Schlechten mit diesem Leben abschlösse: *La mort est la fin de la vie du méchant*[3]). *If there be no hereafter, they (the firm believers) can be but with the infidel in his eternal sleep*[4]), *Of the two I should think the long sleep better than the agonised vigil* i. e. „*hell's torments.*"

---

[1]) Conf. VI.

[2]) *I see no such horror in „a dreamless sleep", and I have no conception of any existence which duration would not render tiresome. Time must decide; and eternity won't be the less agreeable or more horrible, because one did not expect it.* Journal. Nov. 27. 1813.

I believe death an eternal sleep at least of the body.
to Dallas, Jan. 26. 1808.

A sleep without dreams, after a rough day
Of toil, is what we covet most; and yet
How clay shrinks back from more quiescent clay.
D. J. XIV. 4.

[3]) Ém. V.   [4]) to Mr. Sheppard, Dec. 8. 1821.

But men, miserable as they are, cling so to any thing like life, that they probably would prefer damnation to quiet[1]).

Er ist empört darüber, dass man die Furcht vor der Hölle als Mittel gebraucht, um die Menschen zum Glauben zu zwingen. *And then to bully with torments, and all that! I cannot help thinking that the menace of hell makes as many devils as the severe penal codes of inhuman humanity make villains*[2]). Er stellt es also so dar, als wenn die Menschen die Hölle mit ihren Strafen sich zu ihren Zwecken einzig und allein erdacht hätten; mit einem ähnlichen Ausweg, um sich die Hölle wegzudemonstrieren, tröstet sich Rousseau: *En général, les croyants font Dieu comme ils sont eux-mêmes: les bons le font bon, les méchants le font méchant; les dévots haineux et bilieux ne voient que l'enfer, parce qu'ils voudraient damner tout le monde*[3]). *Les âmes aimantes et douces ne croient guère à l'enfer*[3]).

Einen weitern Grund für die Unmöglichkeit der Hölle finden sie noch in der Gerechtigkeit Gottes. Der Herrscher des Weltalls kann nicht wollen, kann keine Freude daran finden, dass eine Zahl seiner geschaffenen Wesen endlos und zwecklos leidet, denn *all punishment which is to revenge rather than correct must be morally wrong; and when the world is at an end, what moral or warning purpose can eternal torture answer?*[4])

In demselben Sinne äussert sich Rousseau: *'A l'égard de l'éternité de peines, elle ne s'accorde ni avec la faiblesse de l'homme, ni avec la justice de Dieu*[5]). *J'ai peine à croire que les méchants soient condamnés à des tourments sans fin. Si la suprême justice se venge, elle se venge dès cette vie*[6]).

---

[1]) to Moore, March. 6. 1822. [2]) Memoirs, M. II. 515.
[3]) Conf. VI.

[4]) Byron meint also *eternal torture* könne absolut keinen Zweck haben und tröstet sich über diesen Punkt wieder, wie oben, mit der Überzeugung, dass *human passions have probably disfigured the divine doctrines here.*
Memoirs. M. II. 515.

[5]) L. à Vernes, 18 févr. 1758. [6]) Ém. IV.

Sie sind fast unerschöpflich in ihren Gründen gegen die Höllenstrafen. Noch einen andern Beweis gegen dieselben liefert ihnen die ewige Liebe und Güte Gottes: *The chief attribute of God is Love*, sagt Byron in den Unterhaltungen mit Dr. Kennedy, *therefore can I not yield to your doctrine of the eternal duration of punishment*[1]). Rousseau hielt die Güte Gottes (die offenbar mit der Liebe Gottes zusammenfällt), für die Haupteigenschaft desselben und weist von vornherein alles zurück, was mit ihr nicht in Einklang steht, was ihr zu widersprechen scheint, also ohne Frage auch die Höllenstrafen: *Le Dieu que je* (Julie) *sers est un Dieu clément, un père; ce qui me touche est sa bonté; elle efface à mes yeux tous ses autres attributs; elle est le seul que je conçois.... Dieu a fait l'homme faible; puisqu'il est juste, il est clément*[2]).

Es giebt nun noch eine ganze Reihe anderer Dogmen, die sie nicht anerkannten, wir gehen hier aber nicht weiter auf dieselben ein, sondern begnügen uns damit, ihre angreifende Stellung zu zwei der wichtigsten, der Offenbarung und der strafenden Gerechtigkeit, von denen die erstere für ihr äusseres, die letztere für ihr inneres Leben von hervorragender Bedeutung war, im Vorhergehenden gezeigt zu haben.

Was setzten sie nun an die Stelle aller Glaubenslehren, die sie verworfen hatten? Sie waren zu innerliche, zu tief fühlende Naturen, um nicht das Bedürfnis der Verehrung und Anbetung zu haben. An die Stelle des Dogmatismus setzten sie die Religion der Natur[3]) und des Gefühls. Im grossen Buch der Natur lasen sie von der Güte und Allmacht des Schöpfers, aus ihm entnahmen sie ihren Beweis für das Dasein desselben[4]). Überall in der Natur war er ihnen gegenwärtig[5]), und deshalb war ihnen die-

---

[1]) M. II. 431.   [2]) N. H. VI. 8.

[3]) So sagt Moore von Byron: *His early feelings of piety, when afterwards diverted out of their legitimate channel, found a vent in the poetical worship of nature.*   M. I. 111.

[4]) cf. Ap. 206.   [5]) cf. Ap. 207.

selbe nur ein grosser Tempel, in dem sie ihre Andacht verrichteten: *Il est un seul livre ouvert à tous les yeux; c'est celui de la Nature. C'est dans ce grand et sublime livre que j'apprends à servir et adorer son divin Auteur.*

Some kinder casuists are pleased to say,
In nameless print — that I have no devotion;
But set those persons down with me to pray,
And you shall see who has the properest notion
Of getting into heaven the shortest way;
My altars are the mountains and the ocean,
Earth, air, stars — all that springs from the great Whole,
Wo hath produced and will receive the soul[1]).

Wir sehen hier zugleich, wie sie ihre Andacht verrichteten, sie beteten nicht[2]), nicht in Worten verkehrten sie mit dem höchsten Wesen, ihre Andacht und ihre Religion war ein reines Gefühl. Das Herz des Menschen allein sollte den Kultus verrichten[3]), sie stellten die innere Vertiefung[4]) an Stelle des äusseren Gottesdienstes; sie machten das Herz und das Gewissen des einzelnen zum alleinigen Richter alles dessen, was gut oder schlecht ist[5]): *La conscience ne trompe jamais, elle est le vrai guide de l'homme*[6]), deshalb ruft Rousseau begeistert

---

[1]) D. J. III. 104.

[2]) Von Byron können wir als sicher annehmen, dass er das eigentliche Gebet nur in seiner frühsten Jugend gekannt hat, von Rousseau haben wir direkte Zeugnisse über diesen Punkt; so sagt er: *Je converse avec Dieu, je pénètre toutes mes facultés de sa divine essence, je m'attendris à ses bienfaits, je le bénis de ses dons, mais je ne le prie pas, que lui demanderais-je? qu'il changeât pour moi le cours des choses, qu'il fît des miracles à ma faveur?* Ém. IV. Dasselbe führt St. Preux gegen das Gebet an: *Qui sommes-nous pour vouloir forcer Dieu de faire un miracle?*
N. H. VI. 7.

[3]) *Le culte essentiel est celui du cœur.* Ém. IV. cf. Ap. 208.

[4]) *O homme, qui que tu sois, rentre en toi-même, apprends à consulter ta conscience.* L. à Vernes, 25 mars 1758.

[5]) *Tout ce que je sens être bien est bien, tout ce que je sens être mal est mal.* Ém. IV.

Ce n'est point sur quelques feuilles éparses qu'il faut chercher la loi de Dieu, mais dans le cœur de l'homme, où sa main daigna l'écrire.
L. à Vernes, 25 mars 1758.

[6]) Ém. IV.

aus: *Conscience! Conscience! Instinct divin, immortelle et céleste voix!* deshalb sagt Byron:

> There whispers the small voice within,
> Whatever creed be taught, or land be trod,
> Man's conscience is the oracle of God.[1]

So machen sie das Herz und Gewissen des einzelnen Menschen zur Stimme Gottes selbst. Aber das Herz der Menschen ist ein wankelmütig Ding und das Gewissen der Menschen nicht immer dasselbe, wer sie zu Fundamenten der Sittlichkeit und Wahrheit[2] macht, der baut auf schwanken Grund. Umsomehr, wer wie beide auch alle Tugend einzig und allein auf das Gefühl gründet. So sagt Rousseau von St. Preux, aber eigentlich von sich selbst: *Il fait de la conscience morale un sentiment et non pas un jugement, ce qui est contre les définitions des philosophes*[3], und Byron bekennt in einem Brief an Dallas: *I hold virtue, in general, or the virtues severally, to be only in the disposition, each a feeling, not a principle*[4]. Dazu kommt noch, dass, wie Byron eben mit den Worten *to be only in the disposition*, auch Rousseau die Tugend als reine Naturanlage auffasst, die dem einen vom Schicksal gegeben, dem andern nicht gegeben sei: *Comment Jean-Jacques pourrait-il être vertueux, n'ayant toujours pour guide que son propre cœur, jamais son devoir ni sa raison? Comment la vertu régnerait-elle au sein de la mollesse et des doux loisirs? Il serait bon, parce que la nature l'aurait fait tel*[5].

Deutlicher, wie mit diesen Worten, kann man nicht wohl das strenge Gebot der Pflicht verneinen. Flüchtige, unbestimmte Gefühle setzten sie an die Stelle desselben, beider Moral ist gleich gefährlich[6].

---

[1] Island. I. 6.
[2] *Un cœur droit est le premier organe de la vérité.* Rousseau.
[3] In einer Anmerkung zu N. H. VI. 7.
[4] Jan. 21. 1808.   [5] 2. Dial.
[6] Rousseau ist sich dessen bewusst, wenn er spricht von *la route nouvelle qu'il s'était frayée, son audacieuse morale qu'il semblait prêcher par son exemple encore plus que par ses livres.* 1. Dial.

Es macht übrigens fast den Eindruck, als wenn sie sich dieselbe nur gebildet hätten, um ihre eigenen Schwächen zu entschuldigen und zu bemänteln. Rousseau schreibt sich bei allen seinen Ausschreitungen nur selten und ungern eine Schuld zu. Seine Fehler nennt er nicht Fehler, sondern, wie diejenigen der Helden der Nouvelle Héloïse: Irrtümer des Herzens und sucht sie damit zu entschuldigen, den Tadel, der ihnen zukommt, zu entkräften: *Jamais un seul instant de sa vie Jean-Jacques n'a pu être un homme sans sentiment, sans entrailles, un père dénaturé. J'ai pu me tromper, mais non m'endurcir . . . Ma faute est grande, mais c'est une erreur*[1]).

Bei Byron finden wir ebenfalls die Neigung, sich von der Schuld seiner Ausschreitungen zu befreien[2]); wie er die edlen Regungen seines Herzens seiner Naturanlage und somit dem Schicksal zuschreibt, so schreibt er auch die Verantwortung für seine unedlen ihm zu; wir erkennen deshalb mit Recht in der Schilderung Laras die Schilderung seines Selbst:

> *Haughty . . . and loath himself to blame,*
> *He called on Nature's self to share the shame,*
> *And charged all faults upon the fleshly form*
> *She gave to clog the soul, and feast the worm;*
> *Till he at last confounded good and ill,*
> *And half mistook for fate the acts of will*[3]).

Mochten sie sich aber noch so sehr bemühen, sich in ihren eigenen Augen und in denen anderer von ihren Fehlern rein zu waschen, es gelang ihnen weder das eine noch das andere, vor allem war es ihnen unmöglich, sich selbst zu betrügen, sie trugen doch lebenslänglich das Gefühl der Schuld mit sich herum, und das Mangelhafte, ja das gänzlich Unzulängliche ihres Moralprincips kam ihnen selbst oft genug klar zum Bewusstsein. Dann

---

[1]) Conf. VIII. *Nos fautes ne viennent que de nos erreurs.*
   La Vertu des Héros.

[2]) I feel . . . a disposition
   To be indulgent to my own (follies).   Sard. I. 2.

[3]) Lara. I. 18.   [4]) cf. Ap. 209.

suchten sie wieder nach einem festeren Grunde, nach einer hellern Leuchte für dieses Leben, als sie selbst sich geben konnten, dann suchten sie wieder den Frieden ihrer Seele — im Glauben. Wir können fast sagen: sie wären inkonsequent gewesen, wenn sie ausnahmsweise in ihren religiösen Ansichten konsequent geblieben wären. Auch in diesem Punkte sind sie schwankenden Charakters, ein folgerichtiges Denken war nicht ihre Sache. Wir werden im Folgenden sehen, wie viele positive Ansichten sie in betreff der Religion hatten, welche religiösen Wahrheiten sie anerkannten und für unumstösslich hielten.

Gerade, dass sie Skeptiker waren und nur Skeptiker beweist uns schon, dass sie niemals Atheisten gewesen sind. Wenn Thomas Moore dies von Byron sagt[1]), so finden wir dasselbe für Rousseau bestätigt, wenn wir sehen, wie er im Vicaire Savoyard auf der einen Seite wesentliche Glaubenslehren der christlichen Kirche bezweifelt, um auf der andern Seite zu ebenso wesentlichen seine Zustimmung zu erklären[2]); in diesem Sinne sagt er von sich: *Loin d'attaquer les vrais principes de la religion, l'auteur (de l'Émile) les pose, les affermit de tout son pouvoir; ce qu'il attaque, ce qu'il combat, ce qu'il doit combattre, c'est le fanatisme aveugle, la superstition cruelle, le stupide préjugé*[3]).

Mit diesen Worten ist die Profession scharf gekennzeichnet, sie war so zu sagen ein zweischneidiges Schwert, das Rousseau sowohl gegen die Freidenker, wie gegen die Orthodoxen schwang; er, wie Byron, gehörte in religiöser Beziehung keiner Sekte oder Partei an[4]), *(ne suivant aucune secte*[5]), *being of no party*[6]), und glaubte doch an Gott und an die Unsterblichkeit[7]). Wir müssen

---

[1]) *Lord Byron was, to the last, a sceptic, which, in itself, implies that he was, at no time, a confirmed unbeliever.* M. II. 514.
[2]) cf. Ap. 210.
[3]) 1. L. de la Montagne.
[4]) cf. Ap. 211. 212.
[5]) 1. Dial.
[6]) Byron.
[7]) cf. Ap. 213. 214.

ihnen die Eigenschaft „gläubig" zusprechen¹) und können ihnen den Anspruch auf den Namen „Christen" kaum verweigern. *Monseigneur*, schreibt Rousseau an den Erzbischof von Paris, *je suis chrétien et sincèrement chrétien, selon la doctrine de l'Évangile. Je suis chrétien, non comme un disciple des prêtres, mais comme un disciple de Jésus-Christ.* — *I do assure you that I am a very good Christian*, schreibt Byron an Moore²), und an ebendenselben noch: *I suspect that I am a more orthodox Christian than you are; and, whenever I see a real Christian, I am his disciple*³).

Beide hegten deshalb für die Person des Stifters der christlichen Religion die höchste Verehrung; wenn sie ihm auch keine Gottesnatur zusprachen, so sprachen sie ihm doch eine göttliche Natur zu; Rousseau nennt ihn, wenn auch nicht *l'homme-Dieu*, so doch *l'homme divin* und Byron sagt von ihm:

> *Was it not so? . . . Thou Diviner still,*
> *Whose lot it is by man to be mistaken,*
> *And thy pure creed made sanction of all ill?*
> *Redeeming words to be by bigots shaken,*
> *How was thy toil rewarded?* ⁴)

Sie hatten beide sogar eine gewisse Neigung zum Katholicismus. Wenn Rousseaus Übertritt zu demselben auch nur aus jugendlichem Leichtsinn geschah, so war doch wohl die Zeit, während welcher er dieser Kirche angehörte (wenn auch noch aus andern Gründen) die glück-

---

¹) *J'étais croyant, je l'ai toujours été, quoique non pas comme les gens à symboles et à formules.* 1. Dial.
I am really a great admirer of tangible religion.
 to Moore, March 8. 1822.
I never could understand what they mean by accusing me of irreligion.
 to Murray March. 1. 1820.

²) March. 8. 1822.

³) to Moore, Apr. 2. 1823. Shelley bedauert, dass er nicht genügend Einfluss auf Byron hat, *to eradicate from his great mind the delusions of Christianity.* Moore II, 359.

⁴) D. J. XV. 18.

lichste seines Lebens. Aus voller Überzeugung schreibt er daher: *Je vous déclare que si j'étais né catholique, je demeurerais catholique, sachant bien que votre Église met un frein très-salutaire aux écarts de la raison humaine, qui ne trouve ni fond ni rive quand elle veut sonder l'abîme des choses.*[1]) So auch Byron: *I am no enemy to religion, but the contrary. As a proof, I am educating my natural daughter a strict Catholic in a convent of Romagna; for I think people can never have enough of religion, if they are to have any. I incline, myself, very much to the Catholic doctrines*[2]). *It is my wish that she should be a Roman Catholic, which I look upon as the best religion, as it is assuredly the oldest of the various branches of Christianity*[3]).

Einer der Gründe dafür, dass sie so sehr mit einer *tangible religion* sympathisierten, bestand darin, dass nach ihrer Meinung die Gläubigen hier auf Erden die Glücklichsten wären. Der Atheist Wolmar wird als ein Mann geschildert, der kein wahres Glück kennt, dessen Herz sozusagen durch den Umstand, dass er Atheist, zu Eis gefroren, so dass er weder Glück um sich verbreiten kann, noch für solches empfänglich ist. Julie stellt die Frage: *Lequel est le plus heureux dès ce monde, du sage avec sa raison, ou du dévot dans son délire?*[4]), und über die Anwort ist sie gewiss nicht im Zweifel. Rousseau selbst findet eine hohe Befriedigung darin, an die Unsterblichkeit zu glauben,[5]) und Byron gesteht: *Indisputably, the firm believers in the Gospel have a great advantage over all others,*[6]) *for this simple reason, that, if true, they will have their reward hereafter; and if there be no hereafter, they can be*

---

[1]) L. à M. . . . 2 juillet 1764.   [2]) to Moore. March. 4, 1822.
[3]) to Hoppner. Apr. 3. 1821.   [4]) N. H. IV. 8.
[5]) *L'immortalité de l'âme, que j'ai le bonheur de croire.* Rousseau.
[6]) Auch in negativem Sinne sagt Byron, dass die Gläubigen (und nicht die Wissenden) die Glücklichsten sind:
      . . . his aspirations
    . . . have only taught him . . .
That knowledge is not happiness.
                    Manfred II. 4.

but with the infidel in his eternal sleep, having had the assistance of an exalted hope through life without subsequent disappointment [1]).

So suchten sie sich denn dieses Glückes teilhaftig zu machen und 'glaubten an Gott. Rousseau sagt ausdrücklich: *La première partie de la Profession du Vicaire Savoyard est destineé à combattre le moderne matérialisme, à établir l'existence de Dieu,* und Byron versichert wiederholt, dass er den Vorwurf der Gottlosigkeit nicht verdiene, dass er an Gott glaube: *I reverence and love my God; I am no atheist, I am no Manichean or Any-chean. He is wrong in one thing — I am no atheist.*

Mit dem Glauben an Gott hängt aber der Glaube an die Unsterblichkeit eng zusammen. Was nun diese anlangt, so haben wir ebenfalls von ihnen genug Zeugnisse, um mit Recht schliessen zu können, dass sie beide an dieselbe glaubten; mit welcher Wärme der Überzeugung, ja, mit welchem Glaubenseifer sagt Rousseau: *Toutes les subtilités de la métaphysique ne me feront pas douter un moment de l'immortalité de l'âme et d'une Providence bienfaisante. Je la sens, je la crois, je la veux, je l'espère, je la défendrai jusqu'à mon dernier soupir* [2]).

Byron lässt auf den Grabstein seiner Tochter Allegra die Worte setzen: *I shall go to her, but she shall not return to me* [3]); er verteidigt sich und seinen Cain mit den Worten: *There is nothing against the immortality of the soul in „Cain" that I recollect. I hold no such opinions* [4]). Dass der Mensch eine Seele hat, ist ihm unbezweifelbar, nur wie dieselbe mit dem Körper verbunden ist, das bleibt ihm unerklärlich; aber gerade in dieser Unerklärlichkeit, wie Stoffliches und Geistiges zusammen bestehen kann, und in dem ewigen Zwiespalt zwischen ihnen, liegt

---

[1]) to Mr. Sheppard, Dec. 8. 1821.   [2]) L. à Voltaire, 18 août 1756.
[3]) Samuelis XII. 23.   [4]) to Moore, Febr. 20. 1822.
[4]) *One certainly has a soul, but how it came to allow itself to be enclosed in a body is more than I can imagine.*
to Moore, Apr. 17. 1817.

beiden Männern ein Beweis für die ewige Dauer des Geistigen. Sie waren Dualisten, wie es nur je welche gegeben hat. Rousseau fragt sich: *Où est l'homme quand tout ce qu'il avait de sensible est détruit?* und antwortet darauf: *Cette question n'est plus une difficulté pour moi, sitôt que j'ai reconnu deux substances. Quand l'union du corps et de l'âme est rompue, je conçois que l'un peut se dissoudre et l'autre se conserver. Pourquoi la destruction de l'un entraînerait-elle la destruction de l'autre? Au contraire, étant de natures si différentes, ils étaient, par leur union, dans un état violent; et quand cette union cesse, ils rentrent tous deux dans leur état naturel*[1]).

Dieser Ansicht des völligen Dualismus von Seele und Körper schloss sich Byron durchaus an, er lässt Manfred von *our mixed essence* sprechen; seine ewige Ruhelosigkeit, die unablässige, schmerzenreiche Thätigkeit seiner Seele ist ihm ein Beweis für die Geistigkeit derselben und somit für die Möglichkeit, dass Gott ihr einst die Unsterblichkeit verleiht: *My restlessness tells me I have something within that „passeth show". It is for Him, who made it, to prolong that spark of celestial fire which illuminates, yet burns, this frail tenement*[2]). Am deutlichsten spricht er sich über diesen Gegenstand in seinen Memoirs aus[3]): *Of the immortality of the soul it appears to me that there can be little doubt, if we attend for a moment to the action of mind: it is in perpetual activity. I used to doubt of it, but reflection has taught me better. It acts also so very independent of body*[4]) ... *That the mind is eternal seems as probable as that the body is not so.*

Der Materialismus war ihnen widerwärtig, sie sahen in seiner Bekämpfung ihre Aufgabe und traten auf das Lebhafteste für das geistige Prinzip ein. Rousseau sagt: *La première partie de la Profession du Vicaire Savoyard est des-*

---

[1]) Ém. IV.
[2]) Journal. 27. Nov. 1813.   [3]) Memoirs. Moore II. 515.
[4]) *Étant de natures si différentes!* Rousseau.

tinée a combattre le moderne matérialisme, und Byron: *I own my partiality for spirit*[1]).

So war ihnen denn die Lösung des grossen Rätsels der Welt, und die daraus folgende innere Befriedigung des Menschen, allein möglich durch den Glauben an die Grundwahrheiten des Christentums; den andern Weg zu einer Lösung desselben, den der Philosophie, verachteten beide. *O mes pauvres Philosophes!* ruft Rousseau voll mitleidigen Bedauerns aus, und auch Byron spricht nur verächtlich von der Wissenschaft derselben: *I once thought myself a philosopher, and talked nonsense with great decorum*[2]).

> *If that I did not know philosophy*
> *To be of all our vanities the motliest,*
> *The merest word that ever fool'd the ear*
> *From out the schoolman's jargon*[3]).

Sie waren auch in der That für Philosophie sehr wenig beanlagt; mit Recht konnte Goethe von Byron sagen: „Lord Byron ist nur gross, wenn er dichtet; sobald er reflektiert, ist er ein Kind"[4]); mit Recht könnte Byron die Worte von sich sagen, die er Arnold im Deformed Transformed in den Mund gelegt: *I was not born for philosophy*[5]). Wenn er in seinem Vergleich mit Rousseau glaubt, dass dieser ein Philosoph sei,[6]) so ist seine Ansicht falsch, sie beruht nur darauf, dass im vorigen Jahrhundert in Frankreich jeder freigeistige Schriftsteller „un philosophe" genannt wurde. Rousseau war durchaus nicht mehr Philosoph als Byron, auch er war vor allem ein Mann des Gefühls und der Phantasie und erst in zweiter Linie ein Verstandesmensch; wie Goethe von Byron, so sagte deshalb Bluntschli von ihm, dass er in Bezug auf das logische Denken sein ganzes Leben lang nur ein Kind geblieben sei. Überdies bestätigt er uns selbst

---

[1]) Memoirs. Moore II. 515. [2]) to Dallas. Jan. 21. 1808.
[3]) Manfred III, 1. Moore II. 30.
[4]) Eckermann I. 133. [5]) Def. Tr. I. 1.
[6]) *He was a philosopher; I am none.* Moore I. 117.

seine gänzliche Ungeeignetheit für den Beruf eines Philosophen: *La rêverie me délasse et m'amuse, la réflexion me fatigue et m'attriste; penser fut toujours pour moi une occupation pénible et sans charme. — Vous avez bien raison, mon cher Monsieur, de dire que je ne suis pas philosophe. Je n'ai jamais aspiré à devenir philosophe; je ne me suis jamais donné pour tel: je ne le fus, ni ne le suis, ni ne veux l'être*[1]). Das genügt doch wahrlich, um den Irrtum Byrons klar darzuthun, um zu zeigen, dass sie beide auch in diesem Punkte mit einander übereinstimmten.

Aber wenn sie so für die Philosophie als die Wissenschaft des reinen Denkens nicht geschaffen waren, so liebten sie es doch über die höchsten Fragen des menschlichen Lebens nachzudenken. Wenn sie zum Lesen eigentlich philosophischer Werke keine Geduld und Begabung hatten, so waren sie doch beide unermüdlich darin, in dem Buche zu studieren, das alle praktische Lebensweisheit zusammenfasst und seinen Lesern darbietet: in der Bibel. Dies geht schon aus ihren Schriften hervor. Rousseau zeigt eine nicht gewöhnliche Kenntnis der heiligen Schrift in der Lettre à l'Archevêque de Paris und den Lettres de la Montagne; wie später Byron, behandelt er, wenn auch nicht in poetischer Form, Themata aus der Bibel. In seinem *Lévite d' Éphraim*[2]) herrscht ein hoher Bardenton, besonders ist die Belagerung und Einnahme von Gibea mit schönen Farben geschildert, man könnte ihr Byrons *Song of Saul before his Last Battle* und *Destruction of Sennacherib* an die Seite stellen, in denen ebenfalls Kriegsscenen des alten Testamentes behandelt sind. Byrons *Hebrew Melodies* werden von vielen seiner Landsleute zu dem Hervorragendsten gezählt, was er gedichtet, und *Cain* wird von vielen Fremden für sein erstes Werk

---

[1]) L. à M . . . 1. mars 1763.

[2]) Byron kannte die Geschichte des Leviten ebenfalls und erwähnt sie einmal in einem Brief an Murray vom 12. Aug. 1819. cf. Ap. 215.

gehalten¹). Schon aus diesen Urteilen geht hervor, wie tief er in den Geist der heiligen Schrift eingedrungen sein muss, um diesen Geist in so schönen und gewaltigen Dichtungen zum Ausdruck zu bringen, in Dichtungen, die man als seine besten Werke hinstellt. Wir haben auch schon im Laufe dieser Arbeit erwähnt, dass man Rousseaus *Lettre à l'Archevêque de Paris* und *Lettre de la Montagne* eine hohe Stellung unter seinen Schriften einräumt.

Das alles setzt voraus, dass sie ungewöhnlich fleissige Leser der Bibel waren, und hierüber führen wir am besten wieder ihre eigenen Worte als Zeugnisse an: *Nul n'est plus pénétré que moi d'amour et de respect pour le plus sublime de tous les livres; il me console et m'instruit tous les jours, quand les autres ne m'inspirent plus que du dégoût*²). *Jamais la vertu n'a parlé un si doux langage, jamais la plus profonde sagesse ne s'est exprimé avec tant d'énergie et de simplicité. On n'en quitte point la lecture sans se sentir meilleur qu'auparavant.* — *Ma lecture ordinaire du soir était la Bible, et je l'ai lue entièrement au moins cinq ou six fois de suite de cette façon.* — *Je n'écris plus, je ne lis plus. Il n'y a plus qu'un livre que je puisse lire, c'est la Bible. Elle ne me quitte plus, et je la tiens sous le chevet de mon lit.*³)

Byron fordert von Italien aus seinen Verleger Murray mit folgenden Worten auf, ihm eine Bibel zu senden: *Send a common Bible of a legible print. I have one; but as it was the last gift of my sister (whom I shall probably never see again), I can only use it carefully, and less frequently, because I like to keep it in good order. Don't forget this, for I am a great reader and admirer of those books, and had read them through and through before I was eight years old*⁴).

Es war die in der Bibel sprudelnde klare Quelle der

---

¹) Einen religiösen Stoff finden wir dann noch in *Heaven and Earth*. Goethe bedauerte, dass Byron nicht lange genug gelebt, um so das ganze alte Testament poetisch zu bearbeiten.

²) Lettre à d'Alembert.

³) Rousseau.

⁴) to Murray. Oct. 9. 1821. cf. Ap. 216. 217.

höchsten Weisheit, an der sie ihren Geist labten und erfrischten; es war der die ganze Bibel durchziehende poetische Hauch, an dem sie sich erwärmten; es war der, in der Bibel herrschende Mysticismus, in den sie sich versenkten und verloren. Das Geheimnisvolle, das ewig Unergründliche zog sie an, sie nahten sich ihm jedoch nicht, um seinen Schleier zu heben, es zu erforschen, — sie wollten ihr menschliches Sein nur in dasselbe eintauchen, wollten nur ihr Herz von der Macht desselben erfassen, nur die Saite ihres Innern durch dasselbe erklingen lassen, die dann in so herrlichen Accorden austönte — die poetische.

Aber ausser der Religion giebt es noch ein anderes grosses Gebiet, in dem Mysticismus und Gefühl nicht bloss eine grosse Rolle spielen, sondern in dem sie allein herrschen und alles sind, das Gebiet der Musik. Wir können von vornherein voraussetzen, dass auch auf ihm Rousseau sowohl wie Byron sich mit Vorliebe bewegten. Wie die Bibel sie anzog durch die grossartige Einfachheit ihres Inhalts, so waren es in der Musik die einfachen Melodien, die einfachsten Lieder, welche sie am meisten ergriffen. Rousseau tadelte in seinen Schriften über die französische Musik besonders die Manieriertheit, die Unnatur derselben. In seinen eigenen Kompositionen bringt er deshalb in einfachen, volkstümlichen Melodien die natürliche Musik des Herzens zum Ausdruck[1]).

In seinem Émile empfiehlt er ebenfalls *le dessin d'après nature et le chant de mélodies simples* als die einzigen Talente, die bis zum Alter von 15 Jahren von den Kindern auszuüben wären.

---

[1]) Bei seinem Vergleich mit Rousseau sagt Byron: *He wrote music; I limit my knowledge of it to what I catch by ear.* M. I. 117. Das ist allerdings wahr, wir können aber doch dagegen anführen, dass er selbst genug von Musik kannte, um richtig nach Noten singen zu können; und selbst, wenn sie auch noch so verschieden in Bezug auf musikalische Beanlagung gewesen wären, so würde das doch keinen wesentlichen Unterschied ihres Charakters und Geistes ausmachen.

Was Byron anlangt, so erwähnt Thomas Moore an zwei Stellen seines Buches diese seine ausgesprochene Vorliebe: *A characteristic which he preserved unaltered during the remainder of his life was his love of the simplest ballad music*[1]. — *I have, indeed, known few persons more alive to the charms of simple music; and not unfrequently have seen the tears in his eyes*[2]), *while listening to the Irish Melodies*[3]).

Er selbst feiert im *Island* in begeisterten Versen die Schönheit und ergreifende Macht des einfachen Volksliedes:

> *For one long-cherish'd ballad's simple stave,*
> *Rung from the rock, or mingled with the wave,*
> *Or from the bubbling streamlet's grassy side,*
> *Or gathering mountain echoes as they glide,*
> *Hath greater power o'er each true heart and ear,*
> *Than all the columns Conquest's minions rear:*
> *Invites, when hieroglyphics are a theme*
> *For sages' labours, or the student's dream;*
> *Attracts, when History's volumes are a toil, —*
> *The first, the freshest bud of Feeling's soil*[4]).

Wenn wir nun auch zugeben müssen, dass bei ihrer gleichen Liebe zu einfachen Melodien ihre Beanlagung für die Ausübung der Musik immerhin verschieden war, so gab es doch eine Musik, in deren Ausübung sie gleich gross dastanden, die Musik der Poesie, ein Instrument, das sie gleich meisterhaft beherrschten, das Instrument der Sprache!

---

[1]) Moore I. 57.

[2]) So lässt Rousseau auch St. Preux von einem einfachen Liede tief ergriffen werden.

[3]) Moore I. 426.   [4]) Island II. 5.

Theil III.

To come into close and living relation with the individuality of a poet must be the chief end of our study.   Dowden.

Je mehr wir uns beim Studium unserer beiden Autoren bestreben, dies Hauptziel, von dem Dowden spricht, zu erreichen, desto klarer wird es uns, wie sehr der eine den andern mit seinen Ideen durchdrang, desto mehr werden wir überrascht von dem End-Resultat: ihrer selten gleichen Individualität.

Freilich, auf den ersten Blick scheint es ein müssiges Beginnen, die Aehnlichkeit beider in litterarischer Beziehung festzustellen: schrieb der Eine nicht Prosa und der Andere Verse? Warum gab nun der Eine den Vorzug der gebundenen, der Andere der ungebundenen Rede? und worin liegt trotzdem die Aehnlichkeit ihrer Schriften?

Der Hauptgrund, weshalb Rousseau sich nicht der poetischen Form bediente, lag nach unserer Meinung im Charakter seiner Muttersprache selbst. Die französische Verslehre hatte für ihn zu strenge Gesetze, zu enge Grenzen, die poetische Sprache im allgemeinen zu viel Traditionelles, Abgebrauchtes und Formelhaftes, als dass sein ungestümer Geist sich ihr anschmiegen, sich in sie ergiessen konnte. Ihm erschien die französische Dichtung geziert, gekünstelt und unnatürlich, und deshalb fühlte er sich wenig zu ihr hingezogen. *J'ai fait de temps en temps de médiocres vers; c'est un exercice assez bon pour se rompre aux invasions élégantes et apprendre à mieux écrire en prose; mais je n'ai jamais trouvé dans la poésie française assez d'attrait pour m'y livrer tout-à-fait*[1]). Ein Beweiss für seine Abneigungen gegen sie ist auch, dass, **wo er** auch immer (und besonders in der *Nouv. Hél.*) in seinem Text lyrische Stellen anführt, er diese der italienischen Dichtkunst, und nicht der französischen entnimmt. In dieser seiner Missachtung derselben stimmte er seltsamerweise mit Byron überein, der sie, wie die französische Sprache überhaupt, geradezu hasste:

*Boileau, whose rash envy could allow
No strain which shamed his country's creaking lyre,
That whetstone of the teeth — monotony in wire*[2]).

Wir können uns mit Recht fragen, ob je ein Genius wie Byron in einer anderen Sprache möglich gewesen sei, als in der englischen, deren Verskunst eine so uneingeschränkte und freie ist, also wie geschaffen war als Vehikel zu dienen *to that bold unshackled licence, which it had been the great mission of Byron's genius to assert throughout the whole realms of Mind.*[3])

Und selbst in dieser freien englischen Dichtkunst gab es Formen, die noch Byron zu eng waren, so zum Beispiel die Form der Sonette, er nennt sie deshalb *the most puling, petrifying, stupidly platonic compositions*[4]).

Wenn Rousseau nun vorzugsweise in Prosa schrieb und Byron in Versen, so können wir doch hier die poetischen Werke des ersteren und die prosaischen des letzteren nicht ganz unbeachtet lassen. Rousseau schrieb in Versen: *L'Engagement téméraire, les Muses galantes, le Devin du Village*, lauter komödienhafte Theaterstücke[5]), in denen er wie Byron in seinen Trauerspielen[6]), nur zeigte, wie wenig Beanlagung er für solche Art der Dichtung besass, und schliesslich einige Gedichte. Byron begann viermal in seinem Leben einen Roman zu schreiben, zuerst 1807;

---

[1]) Conf. IV.   [2]) Ch. H. IV. 38.
[3]) Moore II. 303.   [4]) cf. Ap. 219.

[5]) Auch Byron begann einst eine Komödie zu schreiben, verbrannte sie aber bald. cf. Ap. 220, 221.

[6]) Auch Rousseau versuchte sich an zwei tragischen Stoffen: Iphis et Anaxarète und Lucrèce. cf. Ap. 222.

er schreibt an Miss Pigot hierüber: *I have written 214 pages of a novel*[1]), von der wir allerdings nichts weiter hören, und daher annehmen können, dass er sie wahrscheinlich später vernichtet hat. Von dem 1813 begonnenen Roman sagt er uns dies selbst und auch aus welchem Grunde er es gethan[2]): *I have burnt my „Roman". — I ran into realities more than ever; and some would have been recognised and others guessed at*[3]).

Von seinem dritten Roman ist uns ein Stück erhalten geblieben, es trägt die Ueberschrift: *A Fragment*[4]) und enthält, so kurz es ist, doch viele Anspielungen auf die persönlichen Verhältnisse Byrons.

Schliesslich begann er noch eine *History of an Andalusian Nobleman*, die seiner Verteidigung in Bezug auf seine Eheangelegenheit dienen sollte und ebenfalls unvollendet blieb.

Seine vier begonnenen Romane enthielten also (auch bei dem 1807 geschriebenen können wir dies voraussetzen, warum hat er ihn sonst vernichtet?), wie derjenige Rousseaus, nichts anderes, als seine persönlichen Erlebnisse und Empfindungen. Auch er fühlte, wie Rousseau, einen lebhaften Drang diese in romanhafter Form zum Ausdruck zu bringen.

Weitere Prosa-Werke von ihm sind seine Parlamentsreden; wir finden in ihnen dasselbe oratorische Pathos, das in den politischen Schriften Rousseaus, besonders in seinen beiden Discours herrscht. Beide sprechen in blendender und deklamatorischer Ausdrucksweise für die niederen unterdrückten Schichten der Gesellschaft, für die hungernde verzweifelnde Masse, beide zeigen in ihnen die Schäden der grellen Standesunterschiede und der Regie-

---

[1]) Oct. 26. 1807.
[2]) Er erwähnt denselben dreimal in seinem Journal aus dem Jahre 1813. cf. Ap. 223, 224, 225.   [3]) Journal Nov. 23. 1813.
[4]) Der vollständige Roman wurde nach Byrons mündlicher Erzählung von seinem Arzte Polidori später unter dem Titel: The Vampire herausgegeben.

rungen; wir erinnern hierbei daran, dass man von Rousseau sowohl als von Byron in ihrer Jugend glaubte, sie würden einst berühmte Redner werden; Goethe bezeichnet sogar einen grossen Teil der Byronschen Schriften als „verhaltene Parlamentsreden"[1]), und Byron selbst sagt von sich:

I've half a mind to tumble down to prose.[2])

So wie Byron, der eigentliche Dichter in Versen, auch Prosa schrieb, und in seinen poetischen Werken oft prosaisch ist, so schrieb Rousseau, der Prosaist, auch Verse, und ist — vor Allem — poetisch in seinen Prosawerken; mögen diese einen noch so wissenschaftlichen Titel führen, scheinbar noch so gelehrten Inhalts sein, die träumerische Natur ihres Schreibers verräth sich doch in ihnen, immer spricht aus ihnen eine Poetenseele.

Ein Werk, das, wie sein Erziehungsbuch Émile doch eigentlich garnichts mit der Poesie gemein haben sollte, das in ein ganz anderes Gebiet des Geistes gehört, Rousseau macht aus ihm einen Roman, und als man ihm diese Abweichung von der Regel vorwirft, giebt er zwar die Thatsache, doch nicht sein Unrecht zu, er sucht sich noch zu vertheidigen: *Il n'importe fort peu d'avoir écrit un Roman. C'est un assez beau Roman que celui de la nature humaine.*[3]) Am romanhaftesten ist im Émile die Liebe zwischen Emile und Sophie geschildert, und selbst hierin gesteht er nicht zu, von seiner eigentlichen Aufgabe abgewichen zu sein: *Si j'entre ici dans l'histoire trop naïve et trop simple peut-être*[4]) *de leurs innocentes amours, on regardera ces détails comme un jeu frivole; et l'on aura tort.*[5])

Die Fortsetzung von Émile: „Emile et Sophie ou les Solitaires" fällt ohne Frage in das Gebiet der Dichtung, wenn Rousseau auch, wie in der zweiten Hälfte der Nouv. Hél. in ihr einen lehrhaften Zweck zu verfolgen suchte. Selbst in der Beschreibung seines eigenen Lebens,

---

[1]) cf. Ap. 226. [2]) Beppo LII. [3]) Émile V.
[4]) peut-être! Also doch wohl ein wenig romanhaft. [5]) Ém. V.

in seinen „Confessions," erkennen wir den Dichter wieder; sie sind, wie Goethes „Wahrheit und Dichtung", mehr als eine Selbstbiographie, sie sind ein Kunstwerk; dieser Umstand gerade hat besonders ihren litterarischen Ruhm begründet und veranlasst selbst diejenigen sie durchzulesen und wieder zu ihnen zurückzukehren, die sich stellenweise von ihrem Inhalte nicht anders als abgestossen fühlen können. Rousseau sagt übrigens selbst, dass er sich bemühte, in ihnen mehr zu geben als eine trockene Biographie. *J'aimais à m'étendre sur les moments heureux de ma vie, et je les embellissais quelquefois des ornements que de tendres regrets venaient me fournir.*[1])

Er war eben ein „homme d'imagination" und konnte das nie verleugnen; seine Phantasie, die, wie wir gesehen, durch seine bewegte Jugend so reichlich genährt wurde, sie verliess ihn nie, sie verschönerte bald, bald verdüsterte sie Alles, was er sah, dachte und schrieb. Nur zwei Beispiele hierfür brauchen wir anzuführen: Die fast hässliche, pockennarbige Madame d'Houdetot machte seine Phantasie zu einem Engel in Menschengestalt, und am Ende seines Lebens liess ihn dieselbe Phantasie sich verfolgt glauben vom ganzen Menschengeschlecht.[2])

Die Phantasie ist es aber, der Geist ist es, der den Poeten ausmacht,[3]) nicht die Form, in der er schrieb, lassen wir deshalb Byron mit folgenden Worten auch Rousseau als Dichter, als Barden bezeichnet haben:

---

[1]) 4. Prom.

[2]) In Bezug auf das erste Beispiel verweisen wir auf die Briefe des Amant, St. Preux, an Julie in den ersten Teilen der Nouvelle Héloïse, von denen Rousseau einst viele an Mme d'Houdetot gerichtet hatte, in Bezug auf das zweite Beispiel auf die Rêveries d'un Promeneur solitaire.

[3]) Byron hatte also Unrecht, wenn er mit den Worten *he wrote prose, I verse* (M. I. 17.) mehr als einen äusserlichen Unterschied zwischen sich und Rousseau bezeichnen wollte.

> *Many are poets but without the name,*
> *For what is poesy but to create*
> *From overfeeling good or ill; and aim*
> *At an external life beyond our fate,*
> *And be the new Prometheus of new men*
> *Bestowing fire from heaven . . . . . All they*
> *Whose intellect is an o'ermastering power*
> *Which still recoils from its encumbering clay*
> *Or lightens it to spirit, whatso'er*
> *The form which their creations may essay,*
> *Are bards.*[1]

Sie waren also beide Dichter, was für Dichter waren sie nun? Worin bestand ihr hervorragendstes, ihr bezeichnendstes Merkmal? Eben darin, dass der Eine wie der Andre war, wie Byron sagt:

„*The new Prometheus of new men.*"

Es war die Neuheit ihrer Dichtung, es war die Thatsache, dass dieselbe die allerjüngsten Ideen zum Ausdruck brachte, die dieselbe so überwältigend, auf Mit- und Nachwelt wirken liess. Sie waren beide die Apostel aller jener Ideen, die besonders die Neuzeit bewegen,[2] das haben wir schon im Laufe dieser Arbeit auf vielen Gebieten ihres Wirkens zu beobachten gehabt, das tritt auch in Bezug auf ihre Poesie ausserordentlich scharf hervor.

Wir sahen, wie in der Politik Byron die Rousseausche Idee der Freiheit wieder aufnahm und glühend vertheidigte; wir sahen, wie in der Religion Byron die Rousseausche Idee des Zweifels weiter verfolgte, ja fast bis zu einer Verzweiflung an Allem steigerte; wir sehen jetzt, wie Byron, indem er vor Allem der Dichter

    der Subjektivität,
    der Leidenschaft,
    des Weltschmerzes und
    der Natur

---

[1] Proph. IV. cf. App. 227.
[2] So sagt Rousseau: *Je n'ai jamais été tenté de prendre la plume que pour dire des choses grandes, neuves et nécessaires.*
                2. Dialogue.

ist, eben gerade in allen diesen Eigenschaften, die wir in solchem Grade bei keinem älteren Dichter finden, sich als direkter Nachfolger Rousseaus zu erkennen giebt. Er ist ohne Frage derjenige, welcher Rousseau am schönsten besungen und gefeiert hat,¹) er war sein begeistertster Schüler, aber er war auch sein treuester Schüler, dem die Traditionen des Meisters am meisten am Herzen lagen, der am wenigsten von dem Wege abgewichen ist, den sein Lehrer eingeschlagen. Viele, sehr viele Dichter können als Schüler Rousseaus bezeichnet werden, ihre Namen könnten eine ganze Seite füllen, indes Byron ist von ihnen der Erste. Er ist der Erste, weil er nicht wie die Andern eine bestimmte Seite oder Eigenschaft Rousseaus weiter ausgebildet und ausgedrückt hat, sondern weil in ihm der ganze Geist Rousseaus einen Nachfolger gefunden:

Rousseau — Mme de Staël — Byron.

So schliessen sich die Glieder der Kette an einander an, so bilden sie einen ununterbrochenen Zusammenhang. Frau von Staël war die nächste und die grösste Schülerin Rousseaus in Frankreich, eine ihrer ersten Schriften sind ihre *Lettres sur Jean-Jacques Rousseau,* und alle ihre späteren Werke atmen den Geist des Genfer Philosophen. Es ist nun gerade sehr bezeichnend für Byron, dass er ein grosser Bewunderer dieser ihrer Werke war. So schreibt er in seinem Tagebuch von 1813: *I read her* (Mme de Staël) *again and again,*²) und in einem Briefe an Rogers vom 4. April 1817: *I am indebted for many and kind courtesies to our Lady of Coppet, and I now love her as much as I always did her works of which I was and am a great admirer.* Die uneingeschränkteste Bewunderung aber zollte er ihr nach ihrem Tode, ihr, der er gewiss für

---

¹) Wir erinnern an die in der Einleitung angeführte Stelle aus Childe Harold III.

²) Journal Dec. 5. 1813; und an einer andern Stelle: *Her (Mme de Staël) works are my delight, and so is she herself for — half an hour.*
Journal Nov. 30. 1813.

so viele schöne und erhabene Gedanken, die sie selbst erst aus den Werken ihres geliebten Meisters Rousseau geschöpft, sich verpflichtet fühlte. In den „Historical Notes to Canto IV." von Childe Harold' widmet er ihrem Andenken einen ganzen Abschnitt (XV: Madame de Staël), in dem er sie in die Reihe der grössten Schriftsteller aller Zeiten stellt, und den Werken der *„incomparable Corinna"*, wie er sie nennt, Unsterblichkeit verspricht. Wir können uns nicht enthalten eine längere Stelle aus diesem Abschnitt anzuführen, weil, wenn Byron Mme de Staël bewundert, diese Bewunderung ja auch der grossen Schülerin Rousseaus gilt:

The latest posterity, for to the latest posterity they will assuredly descend, will have to pronounce upon her various productions and the longer the vista through which they are seen, the more accurately minute will be the object, the more certain the justice, of the decision. She will enter into that existence in which the great writers of all ages and nations are, as it were associated in a world of their own, and, from that superior sphere, shed their eternal influence for the control and consolation of mankind.

Wenn wir uns nun nach diesen einleitenden Bemerkungen allgemeiner Natur fragen, welche von Rousseaus und Byrons Autoren-Eigenschaften es besonders veranlasst hat, dass sie eingetreten sind *„into that existence in which the great writers of all ages and nations are"*, so finden wir, dass dies ihre Subjektivität ist. Wir glauben sie mit Recht an erster Stelle nennen zu können, denn sie ist es, die alle ihre Werke durchdringt, die aus allen mit gleicher Stärke in die Augen springt, während wir Schilderungen der Leidenschaft, des Schmerzes, der Natur nur in einzelnen ihrer Werke oder an bestimmten Stellen derselben finden. Die Subjektivität ist es aber auch, welche sie besonders von allen vorhergehenden Schriftstellern unterscheidet, sie ist das hervorragendste Kennzeichen der Neuzeit, und somit sind unsere beiden Autoren die eigentlichen Sprecher und Vertreter dieser Zeit geworden.

Aber bevor wir diese ihre Eigenschaft näher betrachten, fragen wir wiederum zunächst nach dem Grunde, aus dem sie erwachsen, und finden diesen, wie natürlich, in ihren Lebensverhältnissen und in ihrer Charakterbildung.

Wir sahen, wie sie, jung sich selbst überlassen, schon früh begannen, in Einsamkeit ihren eigenen Gedanken nachzuhängen.¹) Dieser Hang wurde allmählich immer stärker, wurde unterstützt durch ihr menschenscheues Wesen und durch die Enttäuschung, der sie, beide Idealisten von Natur, bei ihrem Eintritt in die Welt ausgesetzt waren. Es wurde ihnen immer mehr eine theure Gewohnheit, statt den Verkehr mit Menschen aufzusuchen: „*to banquet their own thoughts.*"²) Die Aussenwelt war nicht nach ihrem Sinne, so flüchteten sie sich in die Welt des Innern. — *Sentant, que je ne trouverais point au milieu de mes contemporains une situation qui pût contenter mon cœur,* sagt Rousseau, *je l'ai peu à peu détaché de la société des hommes, et je m'en suis fait une autre dans mon imagination.* Dasselbe thut auch Byron:

Think and endure — and form an inner world
*In your own bosom — where the outward fails,*³⁾

und:

His mind abhorring this, had fix'd her throne
*Far from the world, in regions of her own.*⁴⁾

So oft sie mit der Aussenwelt in Berührung kamen, fanden sie sich unglücklich, daher suchten sie das Glück bald in sich selbst und in den Schöpfungen ihrer Einbildungskraft. Madame de Wolmar preist in einem Briefe der *Nouvelle Héloïse* die *charmes de l'illusion,* Julie meint, *le pays des chimères est en ce monde le seul digne d'être habité.*⁵⁾ St. Preux ruft traurig aus: *Hélas, j'étais heureux dans mes chimères: mon bonheur fuit avec elles,*⁶⁾ und Rousseau fügt den Aeusserungen seiner Personen seine eigene Meinung mit den Worten hinzu: *Je trouve mieux mon compte avec les êtres chimériques que je rassemble autour de*

---

¹) Ap. 229. ²) Moore I, 419. cf. Ap. 237. 238.
³) Cain. ⁴) Lara I, 18. ⁵) N. H. VI, 8 ⁶) N. H. I, 23.

moi qu'avec ceux que je vois dans le monde.¹) Wie sein Vorgänger, so auch Byron:

> The beings of the mind are not of clay;
> Essentially immortal, they create
> And multiply in us a brighter ray
> And more beloved existence: that which Fate
> Prohibits to dull life, in this our state
> Of mortal bondage, by these spirits supplied,
> First exiles, then replaces what we hate.²)

Aber nicht allein geniessen sie in einsames Brüten versunken ein hohes Glück, nein, sie geniessen ein höheres als die Wirklichkeit ihnen bieten kann, sie geniessen das höchste Glück, dessen ein Mensch fähig ist. Hiervon sind sie beide übereinstimmend überzeugt: *Mais de quoi jouissais-je enfin, quand j'étais seul?* fragt sich Rousseau, und antwortet: *De tout ce qu'a de beau le monde sensible et d'imaginable le monde intellectuel: je rassemblais autour de moi tout ce qui pouvait flatter mon cœur; mes désirs étaient la mesure de mes plaisirs. Non, jamais les plus voluptueux n'ont connu de pareilles délices, j'ai cent fois plus joui de mes chimères qu'ils ne font des réalités*³). Wenn wir nun die folgenden Worte Byrons lesen, so scheint es fast, als wenn er das, was er sagt, aus den soeben angeführten Worten Rousseaus geschöpft hat, so sehr ist der Gedanke derselbe: *It seems strange; a true voluptuary will never abandon his mind to grossness of reality. It is by exalting the earthly, the material, the „physique" of our pleasures, by veiling these ideas, by forgetting them altogether, or, at least, never naming them hardly to one's self, that we alone can prevent them from disgusting.*⁴)

Daher denn auch ihre Genügsamkeit mit sich selbst, die Menschen brauchten sie ja nicht, um glücklich zu sein; daher ihr geringer Sinn für alle Bande, welche Menschen mit Menschen verknüpfen; sie waren, wie wir im ersten Theil der Arbeit gesehen, untauglich für die Ehe, wir hören, dass sie es, seitdem sie in die Welt

---

[1] L. à Malesherbes janv. 1762. cf. Ap. 233. 234. 235.
[2] C. H. VI. 5. [3] L. à Malesherbes. [4] Journal Dec. 13. 1813.

eintraten, d. h. mit Ausnahme ihrer kurzen Jugendzeit, für die Freundschaft ebenfalls waren.

In den Briefen an Malesherbes, die wir wegen der vielen Erklärungen, welche Rousseau in ihnen über sein Wesen giebt, als eine Ergänzung der Confessions betrachten können, gesteht er, dass seinem Herzen die allgemeine Liebe zur Menschheit genügt, dass er sich nicht nach persönlichen Freunden sehne:

Je les aime tous (die Menschen); *et c'est, parce que je les aime, que je hais l'injustice; c'est, parce que je les aime, que je les fuis; cet intérêt pour l'espèce suffit pour nourrir mon cœur; je n'ai pas besoin d'amis particuliers*[1]). *J'ai un cœur très aimant, mais qui peut se suffire à lui-même,*[2]) und in einem Briefe an Mirabeau: *Mes attachements m'ont souvent coûté si cher que j'ai appris à me suffire à moi-même, et je me suis conservé l'âme assez saine pour le pouvoir*[3]).

Byron spricht sich seinerseits über diesen Punkt in ähnlicher Weise aus, auch er fühlt kein Bedürfnis nach Freunden: *I don't know what to say about „friendship". I never was in friendship but once*[4]). *As to friendship, it is a propensity in which my genius is very limited. I do not know the male human being except Lord Clare, the friend of my infancy, for whom I feel any thing that deserves the name. All my others are men-of-the world friendships*[5]).

Im Giaour heisst es daher:
*Souls absorb'd like mine allow
Brief thought to distant friendship's claim.*

Ihre Devise war also das Wort, welches der Lehrer im Émile seinem Zögling so dringend ans Herz legte: *Rentrons en nous-mêmes*[6]), oder das noch stärkere von Rousseaus Schülerin, Frau von Staël: *Trouvez tout en vous-même!* Sie waren sich ihr ganzes Leben lang ein ewiges Selbststudium; es erregte Rousseaus Erstaunen,

---

[1]) 4. L. à Malesherbes.   [2]) 4. L. à Malesherbes.
[3]) L. à Mirabeau 31. janv. 1767.
[4]) to Moore. June 22. 1813.
[5]) to Mrs. . . . Moore II. 390.   [6]) Émile IV.

dass die Menschen alles Mögliche kennen zu lernen suchten, nur nicht sich selbst[1]), und für Byron war der Ausspruch seines von ihm viel verehrten und viel vertheidigten Pope massgebend, nach welchem: *The proper study of mankind is man.* Nur, dass er unter dem *study of mankind* vor Allem das Studium seines Selbst verstand, das Eindringen in alle Tiefen seines eigenen Gefühlslebens.

Bei einem so unablässigen Versenken in sich selbst, und bei einer so hervortretenden und so offen ausgesprochenen Genügsamkeit und Zufriedenheit mit sich selbst, liegt es nahe, dieses Selbst stets als Hauptsache und Mittelpunkt zu betrachten, für das alles Andere geschaffen ist, liegt es nahe, die Interessen Anderer den eigenen rücksichtslos unterzuordnen. Wir wundern uns deshalb nicht, dass Rousseau und Byron, die, wie wir gesehen, wenig Liebe mit ihren Mitmenschen verknüpfte, die Selbstliebe als das grosse Rad hinstellten, welches das Universum bewegt, dass sie dieselbe auch ganz offen als Hauptbeweggrund ihres Handelns anerkennen. In den „Dialogues" stellt Rousseau lange Reflexionen an über *l'amour de soi* und *l'amour propre*, und seine Meinung finden wir an einer andern Stelle folgendermassen kurz ausgedrückt: *L'amour de soi-même est le plus puissant et selon moi, le seul motif qui fasse agir les hommes*[2]). Er preist und empfiehlt sogar die Eigenliebe: *Cette sensibilité qui vous rend mécontente de tout, ne devait-elle pas se replier sur elle-même? ne devait-elle pas nourrir votre cœur d'un sentiment sublime et délicieux d'amour-propre?*[3]) Er lässt seine Helden von sich trunken sein: *Je m'enivre d'amour-propre.*[4]) Die gleiche Meinung Byrons über diesen Gegenstand ersehen wir aus folgenden Stellen:

We are all selfish, I believe in Rochefoucauld about men.[5]) *Selfishness being always the substratum of our damnable clay.*[6])

---

[1]) cf. Ap. 232.
[2]) L. à M. l'Abbé de ... 4 Mars 1764.
[3]) L. à Mme D. M. 7 Mai 1764.   [4]) Pygmalion.
[5]) Journal, Nov. 17. 1813.   [6]) to Moore, Febr. 2. 1818.

*What a sublime discovery 'twas to make the
Universe universal egotism!*[1]

Egotism! Das ist der Grund zu der Subjectivität in ihren Werken. Aus ihrem persönlichen Egoismus erwuchs ihr schriftstellerischer Egoismus, ihre Subjektivität[2]. Diese ihre Subjektivität, diese ihre Tendenz sich in ihren Werken selbst zu zeichnen, nur von sich selbst zu sprechen, sie ist es, wegen derer Goethe Byron einen „so eigensten Gesang"[3] nachrühmte und wegen derer auch Rousseau eine so eigenartige Schreibart besitzt.

Schon Macaulay wies in seinem Essay darauf hin, dass Byron in Bezug auf seinen *„gloomy egotism"* grosse Aehnlichkeit mit Rousseau habe,[4] man sucht in der That vergeblich in der Geschichte aller Litteraturen nach Schriftstellern, die in der Darstellung ihrer eigenen Leiden und Freuden, die in dem Preisgeben ihrer eigenen Persönlichkeit weiter gegangen sind, als diese beiden. In dieser Hinsicht waren sie im wahren Sinne des Wortes epochemachend. In allen ihren Werken finden wir nur sie und immer wieder sie vor, aus allen ihren Personen sprechen sie selbst, und nur sie allein; deshalb ist es bei ihnen unmöglich, ihre Werke zu verstehen oder zu geniessen, ohne eine Bekanntschaft mit ihrer irdischen Erscheinung, ohne eine Kenntnis ihrer Lebensschicksale und ihres Charakters zu haben. Ihre Werke müssen durch sie erklärt werden, und sie durch ihre Werke, es war und blieb ihnen unmöglich sich über dieselben zu erheben, sie standen stets in ihnen, und so zeichneten sie in ihnen nur sich selbst. *J'en ai beaucoup vu*, sagt Rousseau, *qui*

---

[1] D. J. XI. 2.   [2] cf. Ap. 239. 240.   [3] Faust II. 3.
[4] Essays, Tauchn. I. 338. Wenn der berühmte Kritiker an der betreffenden Stelle die Leiden Byrons als bisweilen affektirt hinstellt, so hat er gewiss Recht, wenn er aber die Leiden Rousseaus, weil sie meist erdichtet, oder durch seine eigene Schuld verursacht waren, für belachenswerth erklärt, so können wir ihm nicht beistimmen; Leiden, wenn sie auch erdichtet, sind nicht weniger tief gefühlt, und wenn durch eigene Schuld verursacht, so sollten sie (nach Byrons Meinung) vielleicht deshalb gerade noch mehr Mitleid beanspruchen können.

philosophaient plus doctement que moi, mais leur philosophie leur était, pour ainsi dire étrangère[1]). Sein Denken und Dichten war mit seinem Sein allerdings eins, das sagt er auch noch an andern Stellen: *Mes écrits où le cœur qui les dicta est empreint à chaque page,*[2]) und: *D'où le peintre et l'apologiste de la nature, peut-il avoir tiré son modèle, si ce n'est de son propre cœur? Si l'auteur n'eût été tout aussi singulier que ses livres, jamais il ne les eût écrits.*

In Bezug auf Byrons „*propensity to self-delineation*"[3]) führen wir die Thatsache an, dass er eine Reihe seiner Schriften verbrannte, weil sie zu sehr „*ran into reality.*" Er selbst war sich übrigens wie Rousseau dieser seiner Eigenschaft vollkommen bewusst, wie aus folgender Stelle hervorgeht:

> *If in the course of such a life as was*
> *At once adventurous and contemplative,*
> *Men who partake all passions as they pass*
> *Acquire the deep and bitter power to give*
> *Their images again, as in a glass,*
> *And in such colours that they seem to live;*
> *You may do right forbidding them to show 'em*
> *But spoil (I think) a very pretty poem.*[4])

Diese „*power to give his image again as in a glass*", sie ist so sehr bei ihm vorherrschend, dass Elze meint: „die Sendung Byrons bestand in der Befreiung der Subjektivität und Individualität in der Poesie und durch dieselbe."[5]) Wir haben uns vergeblich die Frage vorgelegt, wer von beiden Autoren der subjektivste ist, und ob nach den Worten Elzes dies nicht Byron sein müsste; die Frage beantwortet sich dahin, dass es beide in gleich hohem, unübertroffenem Grade waren, oder besser: Rousseau ist der subjektivste Autor in Prosa und Byron in Versen. Mit ihrer Subjektivität d. h. mit dem Umstande, dass sie immer von ihrem eigenen Ich sprachen,[6]) hing es nun unmittelbar zusammen, dass sie sich auch zum Sprecher und Vertheidiger des Ichs im allgemeinen, der Personalität, der Individualität erhoben.

---

[1]) 3. Prom.   [2]) 3. Dial.   [3]) Moore I. 44.
[4]) D. J. IV. 107.   [5]) Elze, Lord Byron³ p. 412.   [6]) cf. Ap. 242.

„Der Individualismus, sagt Gervinus[1]), ist die beherrschende Idee oder Thatsache, die der neuesten Zeit, im Gegensatz zu Altertum und Mittelalter zur Unterlage dient." Wir sehen, dass sie auch in diesem Punkte zu den Bahnbrechern der Neuzeit gezählt werden müssen. Rousseau legt überall ein grosses Gewicht auf das persönliche Selbstbewusstsein, auf die Befreiung, auf die Emanzipation des Individuums, auf den Willen; Emil ist mit der ganzen Kraft desselben ausgestattet, und in den Personen der Nouvelle Héloïse finden wir ihn ebenfalls deutlich ausgeprägt. Das Selbstbewusstsein und der Wille, sie sind es aber auch gerade, die bei den Haupthelden Byrons hervorragend stark ausgebildet sind, wir haben z. B. gesehen, wie Manfred, auf seinen Willen bestehend, allen Gewalten der Hölle Trotz bietet.

Es ist unnötig, hier zu wiederholen, dass bei Rousseau und Byron der Wille ebenfalls stark ausgebildet war, wir haben besonders im Abschnitt über ihre politischen Ansichten schon die Wirkungen desselben zu beobachten gehabt. Führen wir hier, von ihrem Individualismus auf ihre Subjektivität zurückkommend, noch einige andere Charakterzüge an, welche die Dichter mit ihren Helden, und diese unter sich gemein haben.

Rousseau nennt zu wiederholten Malen die Personen der Nouvelle Héloïse in den Vorreden zu derselben: *des enfants, des étrangers, des solitaires*. Das Wort *enfants* kann er nun nicht im Sinne von kindlich-unschuldig auffassen, das verbietet der Inhalt des Romans, sondern nur im Sinne von gedankenlos und ohne Vorbedacht handelnd, nur in der Gegenwart lebend, ungestüm den Trieben des Augenblicks hingegeben, rein nach Impulsen handelnd. Wenn man *enfants* in diesem Sinne nimmt, so sind diese drei Eigenschaften der Helden der Nouvelle Héloïse auch diejenigen fast aller Personen Byrons gewesen. Auch

---

[1]) Gesch. des XIX. Jahrh. VIII. 160.

sie waren *enfants* in Bezug auf ihr Handeln nach Impulsen sie waren *étrangers*, denn mit Ausnahme von Childe Harold waren sie alle Nicht-Engländer, sie waren *solitaires*, denn sie lebten fern von den Menschen, dieselben meidend und verachtend.

Bei der Betrachtung des Lebens und Charakters unserer Autoren haben wir nun gesehen, wie sie selbst zeitlebens Kinder blieben, wie sie fast Ausländer zu nennen waren, wegen ihres langen Aufenthalts im Auslande, wie sie gern allein und mit sich selbst lebten; durch unsere ganze Arbeit aber, durch eine Menge Worte, die wir aus ihren Werken angeführt, und die sie ihren Personen in den Mund gelegt haben, geht es hervor, in welchem Masse sie als subjektiv bezeichnet werden können, deshalb glauben wir hier von einem in's Einzelne gehenden Studium, in wie weit sie sich in ihren einzelnen Personen selbst gezeichnet haben, absehen zu können, wir führen hier nur ihre eigenen Worte darüber an, dass sie es gethan haben. Im 9. Buch der Confessions giebt Rousseau die Entstehungsgeschichte der Nouvelle Héloïse und sagt dort von sich und St. Preux: *je m'identifiais avec l'amant autant qu'il m'était possible, lui donnant les vertus et les défauts que je me sentais.* Wir haben also in St. Preux unzweideutig Rousseau zu sehen[1]) und können deshalb sicher sein, dass Alles was St. Preux schreibt, seine wahre Meinung ist.

Byron nannte zuerst Childe Harold: Childe Burun, und Moore fügt hierzu mit Recht folgende Bemerkung: *If there could be any doubt as to his intention of delineating himself in his hero, this adoption of the old Norman name of his family would be sufficient to remove it.*[2]) Im Childe Harold IV. 164. deutet Byron offenbar darauf hin, dass er Childe Harold ist:

If he (the pilgrim) was
Aught but a phantasy, and could be class'd
With forms which live and suffer — let that pass.

---

[1]) d. h. wie er sich selbst sah. [2]) Moore I. 244.

Wen könnte er mit *forms which live and suffer* anders gemeint haben, als sich selbst? Ein anderer Beweis für die Identificierung[1]) Byrons mit Childe Harold lag darin, dass er allmählich seinen fingirten Helden in den Hintergrund treten, im vierten Gesang ihn fast ganz verschwinden liess und selbst seine Stelle einnahm:

But where is he, the Pilgrim of my song,
The being who upheld it through the past?[2])

fragt er sich, nachdem von dem Pilgrim schon lange nicht mehr die Rede gewesen; und in der *Dedication of the IV. Canto of Childe Harold to John Hobhouse* giebt er eine Erklärung hiervon: *With regard to the conduct of the last canto, there will be found less of the pilgrim than in any of the preceding, and that little slightly, if at all, separated from the author speaking in his own person. It was in vain that I asserted, and imagined that I had drawn a distinction between the author and the pilgrim.*

Im Jahre 1821 hatte er die Absicht eine Tragödie „Tiberius" zu schreiben, und sagt von ihr in seinem Diary: *I am not sure that I would not try Tiberius. I think that I could extract a something of my tragic, at least, out of the gloomy sequestration and old age of the tyrant.*[3])

In Bezug auf den Korsaren, in den er anerkanntermassen so sehr viel von seinem Selbst hineingelegt, finden wir in seinem Journal zwei Stellen: *He (Hobhouse) told me an odd report, that I am the actual Conrad, the veritable Corsair, and that part of my travels are supposed to have passed in privacy. Um! — people sometimes hit near the truth; but never the whole truth.*[4]) *It (the Corsair) was written „con amore" and much from existence.*[5])

Dies sind ihre eigenen Zeugnisse über ihre Subjektivität. Wenn diese nun das Hauptmoment war, das ihren Werken Originalität und Erfolg verlieh, so hatte sie doch

---

[1]) Natürlich kann nur immer von einer einseitigen Indentifizierung die Rede sein.   [2]) Ch. H. IV. 164.   [3]) Diary January 28 1821.
[4]) Journal March. 10. 1814.   [5]) Journal Febr. 18. 1814.

auch manche Mängel im Gefolge, die wir bei beiden Dichtern wieder gleich vertreten finden.

Zunächst die Einförmigkeit in ihren Personen.

In der Nouvelle Héloïse stimmen die Charaktere aller Hauptpersonen in den Grundzügen mit einander überein, sie sind alle nur Kopien des einen Urbildes: Rousseau. In alle Personen hat er etwas von seinem Wesen hineingelegt, und jede von ihnen stellt eine Eigenschaft von ihm dar. In St. Preux sehen wir seine sensitive schwache Natur, in Wolmar seinen Skepticismus, in Edouard Bomston sein Schwanken zwischen dem sittlichen Willen und der Sinnlichkeit verkörpert. Wenn man aber die Briefe der Nouvelle Héloïse liest, ohne in den Ueberschriften zu lesen, von wem sie geschrieben sind, so fällt es Einem oft schwer, dies aus dem Stil und Geist derselben zu schliessen, es ist eben immer Rousseau, der hinter den Geschöpfen seiner Phantasie steht und ihnen die Hand führt. Das sehen wir auch nicht bloss bei den Personen der Nouvelle Héloïse, sondern bei allen. Der durchgehende Hauptzug ist bei ihnen, wie bei Rousseau selbst, dass sie sich verschulden, dass sie deshalb Zerrissenheit des Gemütes davontragen, tiefe Reue empfinden (so weit stimmen sie mit den Byronschen Helden überein), und dass sie schliesslich den Weg der Tugend wiederfinden. Wir haben übrigens in Bezug auf zwei seiner Frauengestalten sein eigenes Zeugnis über ihre Uebereinstimmung mit einander; wenn er im Folgenden Julie und Colette für Schwestern erklärt, um wie viel mehr muss er dies mit Julie und Claire thun!

L'auteur du Devin du Village est celui de la Nouvelle Héloïse, ce ne peut être que lui. Colette intéresse et touche comme Julie, sans magie des situations, sans apprêts d'événements romanesques: même naturel, même douceur, même accent; elles sont sœurs.[1])

Dasselbe können wir auch ohne jedes Bedenken von den Byronschen Frauen sagen: sie sind alle Schwestern,

---

[1]) 2. Dial.

nur Gulnare zeichnet sich unter ihnen durch ihr Verbrechen, nur Francesca durch ihre besondere Reinheit aus, sonst finden wir in ihnen: „*même naturel, même douceur*"; diese letztere Eigenschaft ist es vor allem, in der die Aehnlichkeit zwischen den Frauen Rousseaus und Byrons liegt.

Auf die grosse Ähnlichkeit und somit den Mangel an verschiedener Charakterzeichnung bei den Helden Byrons ist so oft hingewiesen worden, dass es uns fast trivial erscheint, von derselben auch hier noch zu sprechen. Sie ist zu bekannt; in ihr liegt ein Hauptvorwurf, den man Byron gemacht hat; seine Personen sind in der That nur reine Abbilder von ihm selbst, sie sind alle, wie es im Sardanapal heisst, zwar:

„*Of various aspects, but of one expression.*"[1)]

Mit Rousseaus und Byrons Subjektivität hängt nun auch der Mangel an Charakterentwickelung in ihren Personen zusammen. Dieselben handeln nicht, sie analysieren sich nur, oder vielmehr, die Autoren analysieren sich in ihnen. So entwickelt sich die Liebe bei St. Preux und Julie nicht allmählich, sondern sie ist von vornherein da in aller ihrer Leidenschaftlichkeit, so herrscht auch selbst im Émile ein Mangel an wahrhafter innerer Entwickelung. Childe Harold, wie die meisten andern Gedichte Byrons, enthält ebenfalls keine, oder wenig Handlung, der Pilgrim trägt nur seine eigenen Gefühle vor.

Am fühlbarsten musste sich dieser Mangel in ihren Bühnenwerken machen, die denn auch als solche wohl verfehlt zu nennen sind. Durch künstliche Mittel suchten sie diesen Mangel zu ersetzen, sie hielten so viel als möglich an den drei Einheiten fest, aber das half wenig. Sie verachteten schliesslich beide das, was sie nicht zu erreichen vermochten. In der *Lettre à d'Alembert sur les Spectacles* verneint Rousseau das Theater überhaupt, insbesondere die französische Bühne, und leugnet damit den

---

[1)] Sard. IV. 1.

Wert einer nationalen Errungenschaft auf welche alle Franzosen stolz waren. Ebendieselbe Abneigung bezeugt Byron für das Theater im Allgemeinen: *the stage, for which my intercourse with Drury Lane has given me the greatest contempt.*[1]) *I composed it (Manfred) actually with a horror of the stage.*[2]) Dieselbe Verachtung bezeugte er im besondern für die englische Bühne, wenn er sagt, dass die Engländer überhaupt noch kein wahres Drama gehabt haben, und wenn er von der Grösse Shakespeares nur im ironischen Tone spricht. Er musste dadurch, wie Rousseau, unbedingt seine Landsleute gegen sich erbittern.

Eine weitere Folge ihrer Subjektivität ist die in ihren Werken herrschende Unwirklichkeit; ihre persönliche Phantasie, ihre subjektiven Anschauungen treten zu sehr in denselben hervor; es sind keine wirklichen Menschen von Fleisch und Blut, die uns in den Personen der Nouvelle Héloïse und den Helden Byrons vorgeführt werden, es sind Puppen, Marionetten, die von den hinter ihnen versteckten Autoren bewegt werden, die nur das wiederholen, was ihre Schöpfer in sie hineingerufen; sie sind nicht auf das Niveau des wirklichen Lebens gestellt, im wirklichen Leben würden sie nicht existiren können. Deshalb haben Rousseau und Byron den Schauplatz ihrer Werke fern von den Kulturländern verlegt, in unbekannte, der Phantasie vollen Spielraum lassende Gegenden[3]), wo der Unterschied zwischen ihren, mit zu blassen und idealen Farben gezeichneten Personen und der Wirklichkeit nicht sehr auffallen konnte.

Dies sind die hauptsächlichsten Mängel, die aus ihrer Subjektivität flossen, so gewichtig sie auch sind, so werden sie doch reichlich aufgewogen durch eine Reihe von Schönheiten in ihren Werken, die ebenfalls nur ihr zu-

---

[1]) To Murray. Febr. 15. 1817.   [2]) To Murray. March. 9. 1817.

[3]) Vevay, das damals hinter seinen Bergen versteckt lag, war zur Zeit Rousseaus ein unbekanntes Dorf, und die Gegend, in der es lag, nur wenig besucht, denn die Liebhaberei der Alpenreisen kam erst nach Rousseau auf, und ward teilweise von seiner Nouvelle Héloïse veranlasst.

geschrieben werden können, vor allem durch die Gewalt, mit der sie ihre eigene Persönlichkeit in ihre Werke ausströmen liessen, durch die Leidenschaft, zu deren glänzendsten Interpreten sie sich machten.

Indess, bevor wir sehen, wie beide in gleicher Weise grosse Leidenschaft in ihren Werken darstellen, wollen wir auf einen andern Punkt hinweisen, der, wie die Subjektivität der indirekte, so zu sagen der direkte Grund zu ihrer leidenschaftlichen Sprache war: die improvisatorische Art ihres Dichtens und Schreibens.

Byron glaubte, dass in dieser Hinsicht ein grosser Unterschied zwischen ihm und Rousseau bestände: *he (Rousseau) wrote with hesitation and care; I with rapidity, and rarely with pains.*[1]) Zunächst müssen wir zurückweisen, dass Rousseau das Schreiben Mühe machte, er schrieb nicht mühevoll, wenn er auch meist unter Schmerzen schrieb, wenn er auch beim Schreiben sich in höchster geistiger Erregtheit befand. Dann schrieb er auch selten *with hesitation and care*, im Gegenteil, die Zeiten in denen er schrieb, waren nach seiner eigenen Angabe: *de courts moments d'effervescence*[2]) Wie Byron dichtete, zeigt uns sein Giaour als bestes Beispiel, er warf zuerst *abrupt bursts of passion* aufs Papier und verschmolz sie nachher allmählich erst zu einem Ganzen. Nicht anders entstand die Nouvelle Héloïse. *Je jetai d'abord*, sagt Rousseau, *sur le papier quelques lettres éparses, sans suite et sans liaison. Les deux premières parties ont été écrites presqu'en entier de cette manière, sans que j'eusse aucun plan bien formé.*[3]) Bei welchem seiner Werke hatte Byron von vornherein einen Plan? Wenn wir seine Dramen ausnehmen, die so wenig seinem poetischen Geiste congenial sind, bei keinem! Er war nicht mehr und nicht weniger Improvisator als Rousseau, und sagt es uns wie Rousseau auch selbst:

I am sure, there is no servility
In mine irregularity of chime,
Which rings what's uppermost of new and hoary,

---

[1]) Moore I. 117.   [2]) 2. Dial.   [3]) Conf. IX.

> *Just as I feel the „Improvisatore."* [1]
> und: *Surely they 're sincerest,*
> *Who are strongly acted on by what is nearest.* [2]

Mit diesem, ihrem improvisatorischen Schaffen hing zusammen, dass sie beide wenig Neigung hatten, einmal Niedergeschriebenes zu verbessern und umzuändern; solche Arbeit machte ihnen unendlich viel Mühe. So sagt Rousseau: *Il entre dans mon tour d'esprit de ne pouvoir se résoudre à refaire ce qu'il a fait une fois, quoique mal,* und *mettre à mes productions de la correction, de la méthode est pour moi le travail d'un galérien.* [4] Von Byron haben wir ebenfalls über diesen Punkt unzweifelhafte Zeugnisse. *Cut me up, root and branch; quarter me in the Quarterly . . . but don't ask me to alter for I won't.* [5] *I can't cobble: I must „either make a spoon or spoil a horn"* [6] *I can never „recast" any thing. I am like the tiger : if I miss the first spring I go grumbling back to my jungle again; but if I do hit, it is crushing.* [7]

Nichtsdestoweniger haben sie beide diese Behauptung über ihre Unfähigkeit ihre Werke zu verbessern bisweilen Lügen gestraft, und schrieben dann sehr wohl *with care*. Geruzez sagt, dass bei Rousseau: *les corrections et additions tombent souvent sur les passages les plus célèbres,* und von Byron wissen wir ganz sicher, dass bei manchen seiner Gedichte die schönsten Verse erst später eingefügt wurden, als der improvisatorische Rausch der Begeisterung, dem das Gedicht seine Entstehung verdankte, längst vorüber war. Jedoch diese im allgemeinen herrschende Unfähigkeit und Unlust, ihre Werke zu verbessern, dies Bewusstsein, dass sie nur gelegentlich und zufällig, ohne ihren Willen, wie von einer höhern Macht getrieben wahrhaft Grosses als Schriftsteller leisten konnten, veranlasste sie zu glauben, dass sie für den Schriftstellerberuf untauglich wären.

---

[1] D. J. XV. 20. [2] D. J. XV. 97. [3] 2. Dial. [4] 2. Dial.
[5] To Murray. Aug. 12. 1819. [6] To Murray. Apr. 23. 1820.
[7] To Murray. Nov. 3. 1821. cf. Ap. 243.

Verschiedene Male in ihrem Leben hatten sie deshalb die Absicht, für immer die Feder niederzulegen. So sagt Rousseau: *Ennuyé du triste métier d'auteur pour lequel j'étais si peu fait, j'avais depuis longtemps résolu d'y renoncer; quand l'Émile parut j'avais déclaré à tous mes amis à Paris, à Genève et ailleurs, que c'était mon dernier ouvrage et qu'en l'achevant je posais la plume pour ne pas plus reprendre.*¹) Byron wollte dies ebenfalls und äusserte es z. B. in der Vorrede seines ersten öffentlich erscheinenden Werkes, den *Hours of Idleness*; dann, nachdem er seine *English Bards and Scotch Reviewers* herausgegeben hatte und auf Reisen ging; nach dem Erscheinen des Corsair beauftragte er sogar Murray alle seine Schriften zurückzukaufen und zu verbrennen, ein Entschluss, von dem er allerdings nach wenigen Tagen wieder zurückkam. Alles das beweist genügend, dass sie ihre Thätigkeit als Autoren durchaus nicht als einen ernsten Lebensberuf auffassten; wir haben im ersten Teil gesehen, wie sie für einen solchen überhaupt ungeeignet waren. Seltsam ist es aber doch, dass zwei Männer, die wie sie so Ausserordentliches auf dem Gebiete der Litteratur geleistet haben, sich so sehr dagegen sträubten, als Arbeiter auf diesem Gebiete zu gelten: *Je me trouvai devenu homme de lettres par mon mépris même pour cet état,*²) sagt Rousseau, und Byron hätte dasselbe sagen können, seine Verachtung der ganzen litterarischen Gegenwart war es, die ihn die *English Bards and Scotch Reviewers* schreiben liess, mit ihnen begann seine Berühmtheit, mit ihnen wurde er daher ebenfalls *homme de lettres*. Wie Rousseau sich seinen Lebensunterhalt nicht in dem verachteten Schriftstellerberufe verdienen wollte, und deshalb Notenschreiber wurde, so finden wir auch lebenslänglich bei Byron dieselbe Abneigung für diesen Stand, es fehlt darüber nicht an seinen eigenen Aussprüchen: *God help him! no one should be a rhymer, who could be any thing*

---

¹) L. à M. D ... 8 août 1765. ²) L. à Beaumont.

better.¹) *It may seem odd enough to say, I do not think it (literature) my vocation,*²) und Moore bestätigt dies mit den Worten: *he said always that „a man ought to do something more for society than write verses."* ³)

Aber ausser dem Umstande, dass sie vor allem Improvisatoren waren, und die Inspiration sie mehr beherrschte, als sie die Inspiration, gab es noch einen andern Grund, der sie zu dem eigentlichen Schriftstellerberufe ungeeignet machte: das war ihr Unabhängigkeitssinn, ihr Stolz, weder für Geld, noch für Anerkennung, noch für irgend Jemandes Belieben zu schreiben, sondern allein vom Geist getrieben: *J'ai fait des livres*, sagt Rousseau, *mais jamais je ne fus un livrier.*⁴) *Rien de vigoureux, rien de grand ne peut partir d'une plume toute vénale. Non, non: j'ai toujours senti que l'état d'auteur n'était, ne pouvait être illustre et respectable, qu'autant qu'il n'était pas un métier. Pour pouvoir, pour oser dire de grandes vérités, il ne faut pas dépendre de son succès. Je jetais mes livres dans le public sans aucun souci du reste*⁵). *Je dédaigne également la louange et le blâme qui peuvent leur être dus*⁶). So schreibt auch Byron nicht für den Erfolg, so ist es auch ihm gleichgültig, wie man seine Schriften beurteilt:⁷) *I have been so praised elsewhere and abused alternately, that mere habit has rendered me as indifferent to both as a man at twenty-six can be to any thing.*⁸) *I follow the bias of my own mind, without considering whether women or men are or are not to be pleased.*⁹) Besonders betont er, dass er nie der öffentlichen Meinung geschmeichelt hat: *Come what may, I never will flatter the million's canting in any shape. The public opinion never led, nor ever shall lead me.*¹⁰) *I have not written for their pleasure. If they are pleased, it is that they choose to be so; I have*

---

¹) Journal. Nov. 23. 1813.   ²) To Moore Febr. 28. 1817.   ³) M. II. 914.   ⁴) 2. Dial.   ⁵) Rousseau.   ⁶) Histoire des Dialogues cf. Ap. 256.   ⁷) Wir dürfen allerdings ihm sowohl wie Rousseau nicht so ganz aufs Wort glauben. In Bezug auf Rousseau cf. Ap. 249—251; in Bezug auf Byron cf. Ap. 252—255.   ⁸) Journal. March. 20. 1814.   ⁹) To Murray. March. 15. 1822.   ¹⁰) To Murray. Aug. 1. 1819.

never flattered their opinions, nor their pride, nor will I.[1]) Er nennt sich: *one who has not consulted the flattering side of human nature.*[2])

Aus welchem Grunde schrieben sie denn nun? Wir haben es schon gesagt, sie schrieben aus reiner Inspiration, sie schrieben: *par passion*[3]). *Mon talent est moins dans ma plume que dans mon cœur*, sagt Rousseau, und Byron sagt dasselbe mit den Worten:

I have written from the fulness of my mind, from passion, from impulse, but never will I make „Ladies' books", „al dilettar le femine e la plebe."[4]) Er definiert sogar die Poesie überhaupt als ein überströmendes Gefühl, das seine Sprache findet, als Leidenschaft:

> *What is poesy but to create*
> *From overfeeling good or ill.*[5])
> *Poetry is the expression of excited passion*[6])
> *Poetry, which is but passion.*[7])

Der Zustand, in dem sie beide ihre Werke schrieben, war allerdings ein höchst erregter, ein gewitterähnlicher, der sich im Blitz und Donner ihrer Beredsamkeit Luft machte[8]).

Als Rousseau zuerst der Gedanke kommt zu seinem *Discours sur les Sciences et les Arts* befand er sich nach seiner eigenen Aussage *dans une agitation qui tenait du délire*, als er die ersten Theile der *Nouvelle Héloïse* niederschreibt, packt ihn der Gegenstand derart, dass er sagt: *Je n'étais plus un moment à moi-même, le délire ne me quittait plus.*

Byron schrieb den *Giaour* und die *Bride of Abydos* „*in one of those paroxysms of passion and imagination*"[9]) und sagt von dem III. Canto von Childe Harold: *I was half mad, during the time of its composition*[10]). Wie Goethe

---

[1]) To Murray. Apr. 6. 1819.   [2]) To Murray. Febr. 5. 1814. cf. Ap. 247. 248.   [3]) cf. Moore I. 382.
[4]) to Murray. Apr. 6. 1819.
[5]) Proph. IV.   [6]) to Moore. July 5. 1827.
[7]) D. J. IV. 106.   [8]) cf. Ap. 260. 261.
[9]) Moore's Worte. M. I. 311.   [10]) to Moore. Jan. 28. 1817.

von sich sagte: „Aus jedem Leid mach' ich ein Lied," so war Byrons poetische Devise: *All convulsions end with me in rhyme.*[1])

Das kleine Wörtchen „*end*", das so wenig wichtig scheint, müssen wir indessen in vorliegendem Falle sehr betonen, denn bei unsern beiden Autoren finden wir die Thatsache, dass sie erst, nachdem die *convulsions* ihr Ende erreicht hatten, fähig sind ihre Gedanken zusammenzufassen und niederzuschreiben, während der eigentlichen Inspiration ist ihr *Brain*
A whirling gulf of fantasy and flame.[2])

So sagt Rousseau: *Le sentiment, plus prompt que l'éclair, vient remplir mon âme; mais au lieu de m'éclairer, il me brûle et m'éblouit. Mes idées ne se présentent jamais qu'après coup.* Noch deutlicher setzt er uns die Art seines Komponierens in folgenden beiden Stellen auseinander: *Mes idées s'arrangent dans ma tête avec la plus incroyable difficulté. Elles y circulent sourdement; elles y fermentent jusqu'à m'émouvoir, m'échauffer, me donner des palpitations; et au milieu de toute cette émotion je ne vois rien nettement; je ne saurais écrire un seul mot; il faut que j'attende. Insensiblement ce grand mouvement s'appaise, ce chaos se débrouille, chaque chose vient se mettre à sa place, mais lentement et après une longue et confuse agitation.*[3]) — Ferner in der Stelle:

„*Je travaillai ce discours (sur les Sciences et les Arts) d'une façon bien singulière et que j'ai presque toujours suivie dans mes autres ouvrages. Je lui consacrai les insomnies de mes nuits;*[4]) *je méditais dans mon lit, les yeux fermés, et je*

---

[1]) to Moore Nov. 30. 1813.
[2]) Ch. H. III. 7.   [3]) Conf. III.
[4]) An einer andern Stelle bestätigt er dies noch:
C'est la nuit dans mon lit et durant mes insomnies, que j'écris dans mon cerveau.
Conf. III

Auch Byron dichtete meist in der Nacht:
I sing by night, sometimes an owl,
And now and then a nightingale.
D. J. XV. 97.

tournais et retournais mes périodes dans ma tête avec des peines incroyables; puis, quand j'étais parvenu à en être content, je les déposais dans ma mémoire. Le matin, je dictais de mon lit le travail de la nuit.

In dieser Art seines Komponierens befindet er sich nun, wie erwähnt, in vollständiger Uebereinstimmung mit Byron. *As for poesy,* sagt letzterer, *mine is the dream of the sleeping passions; when they are awake, I cannot speak their language, only in their somnambulism.* Und: *To write so as to bring home to the heart, the heart must have been tried, — but perhaps, ceased to be so. While you are under the influence of passions, you only feel, but cannot describe them, — any more than, when in action, you could turn round and tell the story to your next neighbour! When all is over, — all, all, and irrevocable, — trust to memory — she is then but too faithful*[1]).

Nach diesen ihren eigenen Worten leuchtet es bald ein, dass, wer in solcher Weise schreibt, wie sie es gethan, wer wie sie nicht mit dem Verstande, sondern mit dem tiefsten, innerlichsten Gefühle schreibt, in seinen Schriften ein gleich tiefes Gefühl darstellen muss; kurz, weil sie in Leidenschaft schrieben, schrieben sie auch vor allem Leidenschaft; das ist eine der ersten Wahrnehmungen, die sich beim Lesen ihrer Werke aufdrängen. *J'ai senti en les lisant,* sagt Rousseau von seinen eigenen Schriften, *quelle passion donnait tant d'énergie à son âme et de véhémence à sa diction.*[2]) *Almost all I have written has been mere passion — passion, it is true, of different kinds, but always passion.*[3]) Ihr Stil ist derjenige des unmittelbarsten Gefühls. Erinnern wir uns nur daran, wie oft in

---

*The torch shall be extinguished which hath lit
My midnight lamp — and what is writ, is writ, —
Would it were worthier!*　　　　　　　　Ch. H. IV. 185.
*To solace my midnights I have scribled another
Turkish story (the Bride of Abydos).*
　　　　　　　　to Moore Nov. 30. 1813. cf. Ap. 257-259.

[1]) Journal. Febr. 20. 1814.　　[2]) 3. Dial.
[3]) P. o. h. m. a. M. II, 10

der Nouvelle Héloïse die Ausdrücke *âme, belle âme, âme aimante, âme sensible, âme grande, âme sublime et pure* sich wiederholen, und welche glühenden Schilderungen der höchsten Freude und des tiefsten Leides Rousseau uns im Roman giebt. Wie er selbst sich beim Schreiben desselben in einem „*délire*" befand, so sagt er dies auch von seinen Personen: *Pleins du seul sentiment qui les occupe, ils sont dans le délire,*[1]) und danach ist denn auch ihre Sprache: *le bavardage de la fièvre.*[2])

Und bei Byron? Ist es nötig, noch näher darauf einzugehen, noch zu beweisen, warum und wie sehr er der Dichter der Leidenschaft ist? Gewiss nicht. In keiner Beziehung war er vielleicht so sehr der direkte Nachfolger von Rousseau, von dem er selbst im Childe Harold sagte:

. . . *wild Rousseau,*
. . . *he who threw*
Enchantment over passion[3]) . . .

Noch in einem andern Punkte ihres Stils stehen sie beide auf gleicher Höhe. Wie sie nämlich die leidenschaftlichen Gefühle unnachahmlich darstellten, so waren sie gleich grosse Meister in der Schilderung der Gefühle des Leides nnd der Trauer. Mit Recht können sie die eigentlichen Interpreten der Schmerzempfindungen der Menschheit genannt werden.

Betrachten wir zunächst wieder, wie diese Eigenschaft ihres Genius in ihrem Charakter begründet war.

Sie hing innig mit ihrer Leidenschaftlichkeit zusammen. Bei einem Menschen, der leidenschaftlicher Natur ist, können wir von vornherein voraussetzen, dass sein Herz in nicht geringem Grade den Schmerz kennt. Dies war denn auch der Fall bei Rousseau und Byron, und zwar so sehr, dass sie glaubten, das Leben sei nur ein Schmerz, und der Schmerz sei das wahre Leben: *Suis-je donc tranquille en effet?* fragt sich Rousseau, und giebt sich darauf die verzweifelte Antwort: *Comment puis-je l'être?*[4])

---

[1]) 2. Préface de la N. H.   [2]) Conf. IX.   [3]) Ch. H. III. 77.
[4]) N. H. VI. 7.

Er glaubt, dass: *Vivre sans peine n'est pas un état d'homme; vivre ainsi, c'est être mort.*[1] So sagt Byron im *Deformed Transformed*:

>*All life is motion; and*
>*In life „commotion" is the extremest point*
>*Of life.*[2]

So ist für ihn, wie das höchste Leben voll Leidenschaft und Verzweiflung, in der Verzweiflung wahres Leben.

>*There is a very life in our despair,*
>*Vitality of poison, —* [3]

So verhängnisvoll ihr Geschick auf Erden auch gewesen ist, so waren sie es doch hauptsächlich selbst, war es die in ihnen selbst wohnende Ruhelosigkeit, die Empfindsamkeit ihres Wesens, die Gewohnheit, von einem excentrischen Seelenzustand in den andern zu stürzen, die sie sich zeitlebens unglücklich fühlen liessen. In einem Masse, wie man es selten findet, waren sie Selbstquäler. Wir erinnern nur daran, wie *„the self-torturing sophist, wild Rousseau"*[4] sich von allen Menschen gehasst und verfolgt glaubte, und wie er ebenso wie Byron, wenn ihm die äussere Veranlassung fehlte, in sich nach einem Grunde suchte, an dem er die Sehnsucht seiner Seele nach Qualempfindungen befriedigen konnte.[5] Der Fluch, der über *Manfred* ausgesprochen wird, das Schicksal hatte ihn auch über Rousseau und Byron ausgesprochen:

>*I call upon thee! and compel*
>*Thyself to be thy proper Hell!*[6]

Deshalb finden wir bei beiden eine ungewöhnliche Sehnsucht nach der Ruhe des Herzens, nach dem Frieden der Seele, und dabei doch das traurige Bewusstsein, dass derselbe für sie wohl unerreichbar. *Repos, repos, chère idole de mon cœur,* ruft Rousseau aus, *où te trouverai-je?*[7] und die Antwort darauf giebt der *maître* seinem *Émile: Tu chercheras toujours le repos, il fuira toujours devant toi!*[8] *Where wouldst thou be?* fragt *Cæsar* im *Deformed Transformed*

---

[1] N. H. VI. 8. [2] Def. Tr. I. 2.
[3] Ch. H. III. 34. [4] Ch. H. III. 77. [5] cf. Ap. 265—267.
[6] Manfred I. 1. [7] L. à M. La M. de V. 3 Févr. 1765. [8] Em. V.

Arnold, und dieser wünscht: *O, at peace, at peace;* so sagt der *Giaour: I want no paradise, but rest;* so wünscht Byron auf seinem Grabstein die einfachen Worte: *Implora pace.*¹)

Die Sehnsucht nach ruhigem, stillem Glück war eben in dem Masse in ihnen lebhaft, als es das Bewusstsein ihrer Unseligkeit war; wir müssen allerdings zugeben, dass sie wahrlich ein gut Theil vom menschlichen Elend zu tragen hatten; sie wurden vom Unglück, wenn auch oft selbst verschuldetem, so verfolgt, wie selten Menschen. Es schien Rousseau, als wenn die Vorsehung es so bestimmt hätte: *J'étais destiné à devenir par degrés un exemple des misères humaines. On dirait que la Providence qui m'appellait à ces grandes épreuves, écartait de sa main tout ce qui m'eût empêché d'y arriver.*²) Er meint: *toute la puissance humaine, aidée de toutes les ruses de l'enfer, ne saurait plus rien ajouter au comble de ma misère.*³) Er nennt sein Schicksal: *le plus triste sort qu'ait subi jamais un mortel.*⁴) Auch Byron erwähnt sein unglückliches Schicksal oft genug: *I have had a devilish deal of tear and wear of mind and body in my time.*⁵)

> *.... my own years of trouble, which have roll'd*
> *Like a wild bay of breakers.*⁶)
> *The worm, the canker, and the grief*
> *Are mine alone!*⁷)

Das Unglück, welches sie im Leben zu erdulden hatten, war sogar nach ihrer Meinung schlimmer als der Tod, Rousseau hat zu ertragen *des misères pires que la mort,* man hat ihm gemacht *la vie pire que la mort,*⁸) so sagt auch Byron in der letzten Strophe von *Fare Thee well:*

> *Fare Thee well! — thus disunited,*
> *Torn from every nearer tie,*
> *Sear'd in heart, and lone and blighted,*
> *More than this I scarce can die.*⁹)

---

¹) cf Ap. 268. 269.
²) Conf. V. cf. Ap. 271.   ³) Rêv. 1. Prom. cf. Ap. 270.
⁴) Rêv. 7. Prom.
⁵) to Murray Sept. 15. 1817.   ⁶) To Augusta.   ⁷) January 22. 1824.
⁸) 1. Dial.   ⁹) cf. Ap. 272.

Bei dieser Gelegenheit können wir nun nicht unterlassen, einen Umstand zu erwähnen, der für beide Männer sehr charakteristisch ist: ihre Vorliebe für einen italienischen Dichter, der ebenfalls durch sein Unglück einzig dasteht, und mit dem man sie beide deshalb früh verglichen hat, mit Tasso. ¡Was Rousseau anlangt, so ersehen wir seine Beschäftigung mit Tasso schon aus der Uebersetzung einer Episode des „Befreiten Jerusalem", der *Histoire d'Olinde et de Sophronie*; er wählte ferner Tasso zu einem der Helden seiner *Muses galantes*, musste indessen *Hésiode* an seine Stelle setzen, weil die Liebe einer Prinzessin zu einem Dichter beim Hofe Anstoss gegeben hätte. In seinem Alter, krank und schwach wie er war, ist ihm Tasso ein Trost: *mes plantes ne m'amusent plus*, schreibt er an Laliaud, *je ne fais que chanter des strophes du Tasse; je me mis hier tout en larmes en chantant l'histoire d'Olinde et de Sophronie*. Aber auch direkte Zeugnisse haben wir von ihm nicht bloss über sein Interesse für Tasso, sondern auch über seine Aehnlichkeit mit ihm. Als St. Preux mit Julie zwischen den Felsen von Meillerie wandelt, zeigt er ihr *son chiffre gravé dans mille endroits et plusieurs vers de Pétrarque et du Tasse relatifs à la situation où il était en les traçant.*[1] Wir wissen nun, wie sehr Rousseau sich mit *St. Preux* identificierte; wir sehen somit, wie er in den Werken Tassos reichlich Anklänge an sein Inneres fand. Von einer Strophe des „Befreiten Jerusalem" glaubte er sogar, dass, wie Tasso sich selbst, so er zugleich auch ihn in derselben mit prophetischem Geiste geschildert hätte. Es ist die folgende:

Vivrò fra i miei tormenti, e fra le cure,
Mi giuste furie, forsennato errante.
Paventerò l'ombre solinghe e scure,
Che 'l primo error mi recheranno avante.
E del sol, che scoprì le mie sventure,
A schivo ed in orrore avrò il sembiante.
Temerò me medesmo, e da me stesso
Sempre fuggendo, avrò me sempre appresso.[2]

---

[1] N. H. IV. 17.
[2] Gier. lib. XII. 77.

Werden wir aber beim Lesen dieser Verse nicht auch unwillkürlich an Byron erinnert? Das Alleinstehen, die Verzweiflung, das Umhergeworfenwerden, das Elend, die Gewissensbisse, die Flucht vor sich selbst, von dem allen wurde auch sein Leben erfüllt. Er feiert Tassos Ruhm im 4. Gesange des Childe Harold,[1]) er stellt ihn dort auf gleiche Stufe mit Dante und Milton, er nennt ihn *the Bard divine*[2]) und *the victor unsurpass'd in modern song*[3]). In den *Historical Notes to Canto IV.* giebt er eine längere Anmerkung über ihn, in der er ihn gegen Salviati, *the principal and nearly the sole origin of this attack (of the academies)* vertheidigte. Wenn wir lesen: *Salviati was, there can be no doubt, influenced by a hope to acquire the favour of the House of Este*, erinnern wir uns nicht an Southey, von dem dasselbe galt? Wenn es weiter heisst: *The defence of himself found employment for many of his solitary hours*, haben wir nicht gesehen, wie auch Byron angeschuldigt wurde und sich vertheidigte?

Den ausführlichsten Beweis seiner Ähnlichkeit mit dem Sänger des Befreiten Jerusalem liefert aber Byron in *The Lament of Tasso*; wenn das Gedicht auch mehr Verse umfasst, als jene Stelle im III. Gesang des Childe Harold, in der er Rousseau preist, so können wir doch diese beiden Stellen insofern zusammenstellen, als sie beide diejenigen beiden fremdländischen Schriftsteller der Vergangenheit betreffen, zu denen Byron sich am meisten hingezogen, mit denen er sich am meisten verwandt fühlte. Wie er sich in jener Stelle des Childe Harold selbst zeichnete, so that er das auch im *Lament of Tasso;* dort finden wir Tasso zugeschrieben sein eigenes Liebesverhältnis,[4]) sein Sehnen, die Vergangenheit vergessen zu zu können,[5]) seine Liebe zur Einsamkeit[6]) und zur Natur[7]), die Flucht vor der Aussenwelt in sein Inneres,[8]) dieselbe verhängnisvolle Verleumdung, die er in seinem Leben

---

[1]) Ch. H. IV. 86—39.   [2]) Ch. H. IV. 17.   [3]) Ch. H. IV. 39.
[4]) cf. Ap. 273. 274.   [5]) cf. Ap. 275.   [6]) cf. Ap. 276. 277.
[7]) cf. Ap. 278.   [8]) cf. Ap. 279.

erfahren.¹) Wie er Tasso, so konnte er sich auch selbst am Ende ein „*outworn creature*" nennen, wie Tasso in seinem (auch meist selbst verschuldeten) Unglück der Wahnsinn packte,²) so fürchtete Byron bisweilen diesem selben Schicksal anheimzufallen; so sagt er in seinem Journal: *At times, I fear I am not in my perfect mind,*³) und in seinem Diary: *I presume, that I shall end like Swift dying at top.*"⁴) Auch Rousseau nennt er: *so illustrious a madman*⁵) und sagt von ihm:

>   . . . . *he knew*
> *How to make madness beautiful.*⁶)

In der That ist man allgemein geneigt, von Rousseau zu glauben, dass er an Verfolgungswahn litt; sein Unglück, das noch durch seine zügellose Phantasie in seinen eigenen Augen zu massloser Grösse übertrieben wurde, hatte ohne Zweifel einen zerstörenden Einfluss auf seinen Geist geübt. Wer so wie diese drei genannten Männer derart vom Unglück heimgesucht wurde, dass es ihn fast zum Wahnsinn trieb, wer dabei zugleich wie alle drei den schöpferischen Genius besass, der konnte nicht anders, als diesem Unglück einen unvergänglichen Ausdruck verleihn. Dies ist ganz im besonderen bei Rousseau und Byron der Fall. Ja, man kann von ihnen beiden sagen, das Unglück und der Schmerz, der ihm folgte, erweckte erst ihren wahren Genius. So sagt Rousseau: *C'est une chose bien singulière que mon imagination ne se montre jamais plus, que quand mon état est le moins agréable,*⁷) und ebenso sagt Moore von Byron: *We have seen that wrongs and sufferings were, through life, the main sources of Byron's inspiration*⁸)*; he was inspired by the Genius of Pain.*⁹)

Sie sind danach die wahren, von der Vorsehung bestimmten Darsteller der Schmerzempfindungen der Mensch-

---

¹) cf. Ap. 280. 281.   ²) cf. Ap. 282, 283.   ³) Journal. Febr. 26. 1814.   ⁴) Diary. Febr. 2. 1821.   ⁵) To Mrs. Byron. Oct. 7. 1808.   ⁶) Ch. H. III. 77.   ⁷) Conf. IV.   ⁸) Moore II. 502.   ⁹) Moore I. 479.

heit; das ganze menschliche Elend findet in ihnen eine Sprache; die Vergänglichkeit und Eitelkeit alles Irdischen findet sich in ihren Schriften in wunderbar ergreifender Weise ausgedrückt. Rousseau war in der That:
The apostle of affliction, he who ... from woe
Wrung overwhelming eloquence. [1]

Der Ton der Klage und des Schmerzes geht durch alles hindurch, was Rousseau geschrieben, seine trauernde, melancholische Stimmung verrät sich auf jeder Seite, und bei Byron ist es nicht der erst von seinen Nachfolgern aufgebrachte pessimistische und blasirte Weltschmerz, der aus seinen Dichtungen spricht, sondern der wahre Weltschmerz, die edle Trauer über die Mängel und Unzulänglichkeiten dieser Welt und das rasche Dahinschwinden alles Lebenden. Diese, über das Verlorene und Vergangene trauernde, das Fehlende schmerzlich missende und von dem Bestehenden und Gegenwärtigen unbefriedigt gelassene Stimmung, diese tiefe Melancholie war die Grundstimmung ihres Gemütes; dazu kam noch, dass das ihnen angethane Unrecht ihr Herz mit Bitterkeit erfüllte und sie die Menschen meiden, ja bisweilen hassen liess: dazu kam ihr Menschenhass.

Rousseau und Byron wussten sehr wohl, dass es nur noch einen Platz gab, wo auch sie noch reines ungetrübtes Glück geniessen, wo die Wunden heilen konnten, welche die Menschen oder sie selbst sich geschlagen: das war inmitten der Natur. So finden wir sie auch beide diesem einzigen Heilmittel für ein zerrissenes Gemüt nachstreben. *Ces grandes et ravissantes contemplations*, sagt Rousseau von den Naturbetrachtungen, *font la meilleure jouissance de cette vie et la seule consolation solide, qu'on trouve dans l'adversité*[2]. *La contemplation de la nature eut toujours un grand attrait pour son cœur: il y trouvait un supplément aux attachements dont il avait besoin*[3]. Er sucht sich in der Natur wahrhaft vor den Menschen zu retten: *En me réfugiant chez la mère commune, j'ai cherché dans ses bras à me*

---

[1] Ch. H. III. 77.   [2] 1. Dial.   [3] 2. Dial.

soustraire aux atteintes de ses enfants; je suis devenu solitaire parce que la plus sauvage solitude me paraît préférable à la société des hommes ¹).

So flüchtet auch Byron in sie hinein; mit seinem Manfred konnte er sagen:
> *The face of the earth hath madden'd me and I
> Take refuge in her mysteries.* ²)

Wie Manfred flüchtet er sich in das geheime Walten der Natur, wie Manfred schüttet er vor ihr sein ganzes übervolles Herz aus, lässt ihr gegenüber seine „*pang find a voice.*" Wie schön schildert er das Glück, das die Menschen ihm versagen, und das die Natur ihm bietet, an jener Stelle, die mit den Worten beginnt:
> *From my youth upwards
> My spirit walk'd not with the souls of men* etc.

und in der er fortfährt:
> .... *with men* ....
> *I held but slight communion, but instead,
> My joy was in the wilderness to breathe
> The difficult air of the iced mountain's top* etc.³).

Aber nicht nur wollten sie die Natur geniessen, nein, sie wollten sie ganz allein geniessen: *J'allais chercher quelque asyle, où nul tiers importun ne vînt s'interposer entre la nature et moi. C'était là qu'elle semblait déployer à mes yeux une magnificence toujours nouvelle.*⁴)

Als Rousseau daher einmal in Naturbetrachtung verloren in einem Walde geht und, plötzlich ins Freie gelangend, vor sich eine Fabrik liegen sieht, ist seine ganze begeisterte Stimmung dahin. Gerade so geht es Byron: *if I met with any of the race* (seinen Landsleuten) *in the beautiful parts of Switzerland, the most distant glimpse or aspect of them poisoned the whole scene*⁵). So geniesst Childe Harold erst wahrhaft die Schönheit der Landschaft, wenn
> *No city's towers pollute the lovely view,* ⁶)

und aus demselben Grunde sagt er einmal:

---

¹) Rev. 7. Prom.   ²) Manfred II. 2.   ³) Manfred II. 2.
⁴) 3. L. à Malesh. janv. 1762.   ⁵) to Murray. March 25. 1817.
⁶) Ch. H. II. 52.

*There is too much of man here, to look through
With a fit mind the might which I behold* ¹).

Ganz allein wollten sie sein — auch noch aus einem andern Grunde: Die Menschen störten sie um so mehr, als sie in der Natur schon ein lebendes Wesen fanden, mit dem sie sich unterhielten: *Je me suis retiré au-dedans de moi, et vivant entre moi et la nature, je goûtais une douceur infinie à penser que je n'étais pas seul, que je ne conversais pas avec un être insensible et mort* ²).

*With the stars
And the quick Spirit of the Universe
He held his dialogues: and they did teach
To him the magic of their mysteries;
To him the book of Night was opened wide,
And voices of the deep abyss reveal'd
A marvel and a secret* ³). —
*How often we forget all time, when lone,
Admiring Nature's universal throne,
Her woods, her wilds, her waters, the intense
Reply of hers to our intelligence!
Live not the stars and mountains? Are the waves
Without a spirit? Are the dropping caves
Without a feeling in their silent tears?
No, no; — they woo and clasp us to their spheres.* ⁴)
Where rose the mountains there to him were friends. ⁵)

In den Gegenständen der Natur fanden sie Wesen, die sie verstanden, Wesen nach ihrem Sinne, in ihnen fanden sie wahre Gesellschaft, während sie sich mitten in der Menschenmenge einsam und verlassen fühlten. *Pour un homme sensible il est moins cruel et moins difficile de vivre seul dans un désert que seul parmi ses semblables* ⁶). *On a trouvé l'art de lui faire de Paris une solitude plus affreuse que les cavernes et les bois* ⁷). Byron spricht von

*These thick solitudes
Call'd social, haunts of Hate, and Vice, and Care* ⁸)

und giebt diesem Gegensatz zwischen der Einsamkeit

---

¹) Ch. H. III. 68. ²) 1. Dial. ³) The Dream.
⁴) The Island II. 16. ⁵) Ch. H. III. 13. cf. Ap. 293—295.
⁶) 2. Dial. ⁷) 1. Dial. cf. Ap. 296. ⁸) D. J. IV. 28.

in der Natur und der Einsamkeit inmitten der Menschen den schönsten Ausdruck in folgenden Strophen des Childe Harold:

To sit on rocks, to muse o'er flood and fell,
To slowly trace the forest's shady scene,
Where things that own not man's dominion dwell
And mortal foot hath ne'er or rarely been;
To climb the trackless mountain all unseen,
With the wild flock that never needs a fold;
Alone o'er steeps and foaming falls to lean;
This is not solitude; 'tis but to hold
Converse with Nature's charms, and view her stores unroll'd.

But 'midst te crowd, the hum, the shock of men,
To hear, to see, to feel, and to possess,
And roam along, the world's tired denizen,
With none who bless us, none whom we can bless;
Minions of splendour shrinking from distress!
None that, with kindred consciousness endued,
If we were not, would seem to smile the less
Of all that flatter'd, follow'd, sought, and sued;
This is to be alone; this, this is solitude. [1]

Nicht allein aber fanden sie in den Gegenständen der Natur schon belebte Wesen vor, die nach ihrem Herzen waren, sie bevölkerten auch die Natur noch mit den Geschöpfen ihrer Einbildungskraft: *Mon imagination ne laissait pas longtemps déserte la terre. Je la peuplais bientôt d'êtres selon mon cœur, et chassant bien loin l'opinion, les préjugés, toutes les passions factices, je transportais dans les asyles de la nature des hommes dignes de les habiter. Je m'en formais une société charmante dont je ne me sentais pas indigne, je me faisais un siècle d'or à ma fantaisie* [2]). *La nature se peuple pour son usage d'êtres selon son cœur* [3]).

Thought seeks refuge in lone caves, yet ripe
With airy images, and shapes which dwell
Still unimpair'd, though old, in the soul's haunted cell. [4]

---

[1]) Ch. H. II. 25—26. [2]) 3. L. à Malesherbes.
[3]) 2. Dial. [4]) Ch. H. III. 5.

> *He would watch the stars,*
> *Till he had peopled them with beings bright*
> *As their own beams* [1].

In Byrons Manfred sehen wir dies Beleben der Natur mit selbstgeschaffenen Geistern am schönsten ausgeführt. Sie selbst waren es also, die in die Natur das hineintrugen und hineinschufen, was dieselbe ihnen besonders liebenswert erscheinen liess, sie selbst waren es, die sich in der Natur wiederfanden, die Natur wurde ihnen nur der Spiegel des eigenen Seins, sie sahen in ihr nur die Stimmungen ihres eigenen Herzens ausgedrückt.

So lässt Rousseau Julie verzweifelt ausrufen: *L'univers entier ne me reproche-t-il pas ma faute? ma honte n'est-elle pas écrite sur tous les objets?* [2] St. Preux, das getreue Abbild Rousseaus, macht eine Gebirgsreise, seine unglückliche Liebe im Herzen tragend, und schreibt: *Je m'élance sur les rochers, je parcours à grands pas les environs, et trouve partout dans les objets la même horreur qui règne au-dedans de moi. On n'aperçoit plus de verdure, l'herbe est jaune et flétrie, les arbres sont dépouillés, le séchard et la froide bise entassent la neige et les glaces; et toute la nature est morte à mes yeux, comme l'espérance au fond de mon cœur* [3].

Als später sein Liebesglück blüht, und Julie ihm eine Zusammenkunft bewilligt hat, ist mit ihm zugleich auch die ihn umgebende Natur umgewandelt. *Je trouve la campagne plus riante, la verdure plus fraîche, et plus vive, l'air plus pur, le ciel plus serein; le chant des oiseaux semble avoir plus de tendresse et de volupté; le murmure des eaux inspire une langueur plus amoureuse; la vigne en fleurs exhale au loin de plus doux parfums; un charme secret embellit tous les objets ou fascine mes sens* [4].

Auch bei Byron finden wir diese Eigentümlichkeit in seiner Naturschwärmerei, auch er vergleicht sich mit und erkennt sich in der Natur. Wir lesen in seinem

---

[1] Ch. H. III. 15.
[2] N. H. I. 29.
[3] N. H. I. 26. cf. Ap. 298.
[4] N. H. I. 38.

Tagebuch unter dem 23. September 1816 folgende Worte, die er auf einer Schweizer Reise schrieb: *Passed whole woods of withered pines, all withered; trunks stripped and barkless, branches lifeless; done by a single winter, their appearance reminded me of me and my family.*

Später in Italien nennt er in den schönen *Stanzas to the Po* diesen Strom „*a mirror of my heart*", und erklärt dies folgendermassen:

> *Are not thy waters sweeping, dark, and strong?*
> *Such as my feelings were and are, thou art;*
> *And such as thou art were my passions long.* [1]

Noch eine letzte charakteristische Stelle aus dem Giaour mag unsere Anführungen über diesen Punkt beschliessen:

> *Shuddering I shrunk from Nature's face*
> *Where every hue that charm'd before,*
> *The blackness of my bosom wore.* —

Von einem Vergleich des Selbst mit der Natur und ihren Objekten ist es aber nicht sehr weit bis zu einem völligen Indentificieren und Verschmelzen des Ich mit derselben, ja, das zweite ist nur eine notwendige Folge vom ersten. Wir finden denn auch bei Rousseau und Byron diese Stufen des poetischen Naturgefühls vertreten. *Mon cœur*, sagt Rousseau, *errant d'objet en objet, s'unit, s'identifie à ceux qui le flattent.* [2] Welche begeisterten Worte hat er diesem sich Versenken und sich Verlieren in die Natur in der 7. *Promenade* der *Rêveries d'un Promeneur solitaire* geliehen!

> *La terre offre à l'homme (dans l'harmonie des trois règnes) un spectacle plein de vie, d'interêt et de charmes, le seul spectacle au monde dont ses yeux et son cœur ne se lassent jamais. Plus un contemplateur a l'âme sensible, plus il se livre aux extases qu'excite en lui cet accord. Une rêverie douce et profonde s'empare alors de ses sens et il se perd avec une délicieuse ivresse dans l'immensité de ce beau système avec lequel il se sent identifié. Alors tous les objets particuliers lui échappent; il ne voit et ne sent rien que dans le tout.* [3]

---

[1] cf. Ap. 299.   [2] Conf. IV.   [3] Rêv. 7. Prom.

Je ne médite, je ne rêve jamais plus délicieusement, que quand je m'oublie moi-même. Je sens des extases, des ravissements inexpressables, à me fondre pour ainsi dire dans le système des êtres, à m'identifier avec la nature entière. ¹)

Nicht minder beachtenswert ist dieses Verschmelzen des Selbst mit der Natur bei Byron:

To mingle with the quiet of her sky . . . . ²)
To mingle with the Universe. ³)
      Most glorious night!
Thou wert not sent for slumber! let me be
A sharer in thy fierce and far delight, —
A portion of the tempest and of thee! ⁴)
Are not the mountains, waves and skies, a part
Of me and of my soul, ⁵) *as I of them.* ⁶)
      The soul can flee,
And with the sky, the peak, the heaving plain
Of Ocean, or the stars, mingle, and not in vain. —
And thus I am absorb'd, and this is life. ⁷)

Gewiss, das Leben in der Natur war für sie das wahre Leben. Rousseau sagt es uns ebenfalls, er kann dafür nicht genug Worte finden: *Jamais je n'ai tant pensé, tant existé, tant vécu, tant été moi, si j'ose ainsi dire, que dans les voyages, que j'ai faits seul et à pied.* ⁸)

Schon aus den angeführten Stellen haben wir schliessen können, dass in demselben hohen Masse, wie das Naturgefühl in Rousseau und Byron ausgebildet war, auch die

---

¹) Rêv. 7. Prom.   ²) To Augusta.
³) Ch. H. IV. 178.   ⁴) Ch. H. III. 93.

⁵) Deshalb lässt er auch Erscheinungen und Gegenstände der Natur in sich, in seinem Herzen und Geiste sein:

Jacopo: *O ye elements.*
       Where are your storms?
Marina: *In human breasts. Alas!*
                               Fosc. IV.
He who first met the Highland's swelling blue
Will love each peak that shows a kindred hue
Hail in each crag a friend's familiar face,
And clasp the mountain in his mind's embrace.
                             Island II. 12.

⁶) Ch. H. III. 75.   ⁷) Ch. H. III. 72. 73.   ⁸) Conf. IV. cf. Ap. 302.

Kraft ihnen zu Gebote stand, diesem Naturgefühl eine glänzende Sprache zu leihen. Die Art, wie sie dasselbe aber ausdrückten, war eine bis dahin unbekannte. Wie in vielen Beziehungen, so standen sie auch hierin einzig da. Mit Recht konnte sich Rousseau: *le peintre et l'apologiste de la nature* nennen, mit Recht können wir auf Byron die Worte im *Don Juan* beziehen: *Description was his forte.*

Worin bestand nun ihre Originalität? Wir haben es durch die Entwickelung ihres Naturgefühls gezeigt: sie ist zu finden in der Schilderung aller Zusammenhänge und Zusammenklänge des Menschenherzens mit der Natur, aller geheimnisvollen Harmonieen, die zwischen beiden herrschen. Sie schildern nicht die Natur allein, wie alle Dichter es vor ihnen gethan, nein, ihre eigenen Gedanken und Gefühle schildern sie mit derselben, sie lassen ihr eignes Sein sich in derselben abspiegeln. *It was in description and meditation that Byron excelled*, sagt Macaulay,[1] und wenn wir die Worte in der richtigen Bedeutung auffassen,[2] so liegt die Wahrheit in ihnen.

Wenn mit *description* nicht diejenige der alten Schule gemeint ist, und wenn unter *meditation* nicht ein Nachdenken zur Kenntnisnahme eines Objekts, sondern viel-

---

[1] So viel erwähnt und bewundert diese Worte sind, so wenig originell sind sie vielleicht, sie sind wahrscheinlich den Werken Byrons selbst, nämlich der 28. Stanze des 10. Gesanges von *Don Juan* entnommen. Byron gebraucht statt *meditation* noch das passendere Wort: „*reflect*".

> I won't describe — that is if I can help
> Description: and I won't reflect — that is,
> If I can stave all thought, which as a whelp
> Clings to its teat — sticks me through the abyss
> Of this odd labyrinth; or as the kelp
> Holds by the rock; or as a lover's kiss
> Drains its first draught of lips: — but as I said,
> I won't philosophise, and will be read.
>   D. J. X. 28.

[2] cf. den schätzenswerten Artikel von Hertzberg in den „Preussischen Jahrbüchern", Band 29.

mehr eine *reflection* zu verstehn ist, eine lebendige Wechselwirkung zwischen den Dingen der Aussenwelt und dem Gemütsleben des Dichters, dann hat Macaulay recht gehabt, dann aber erstreckt sich sein Ausspruch auf unsere beiden Autoren, dann haben wir wiederum einen neuen Vergleichungspunkt zwischen ihnen nachgewiesen. Derselbe lässt sich, um Ausdrücke Schillers zu gebrauchen, auch noch kurz dadurch bezeichnen, dass sie nie naive, immer nur sentimentale Autoren gewesen sind. Die Sentimentalität tritt bei Byron besonders in seinem *Island*, vielleicht der schönsten seiner poetischen Erzählungen hervor, wo er ganz wie Rousseau für die reine Natur und den reinen Naturzustand schwärmt, und diesem fortwährend die Hyperkultur der Menschen entgegensetzt.[1]

Somit glauben wir, den besonderen Charakter ihrer Naturschilderungen genügend gezeigt zu haben, wir weisen nur noch darauf hin, dass ihre schönsten Naturschilderungen[2] derselben Gegend angehören, der Alpenwelt. Wie die ungezügelte, wilde Leidenschaft ihr Herz beherrschte, so war es vor allem die wilde Natur, die rauhe Landschaft des Hochgebirgs die sie anzog.[3] *Au reste, on sait déjà*, sagt Rousseau, *ce que j'entends par un beau pays. Jamais pays de plaine, quelque beau qu'il fût, ne parut tel à mes yeux. Il me faut des torrents, des rochers, des sapins, des bois noirs, des montagnes, des chemins raboteux*

---

[1] cf. Island I. 2. 6. 10. besonders II. 4. 11.

[2] Die einzigen Rousseaus.

[3] Mit dieser Neigung für das Grossartige in der Natur scheint es in Widerspruch zu stehn, dass Rousseau die Botanik liebte, und Byron sieht hierin einen Gegensatz zwischen sich und ihm: *he liked botany; I like flowers, herbs, and trees, but know nothing of their pedegrees*, (Moore I, 117) aber wir erfahren von Rousseau selbst, dass ihm die Beschäftigung mit der Botanik nur ein Kinderspiel war: *il se fit de cette occupation plutôt un jeu d'enfant qu'une étude véritable*, (2. Dial. cf. Ap. 310, 311) dass er sie nicht um ihrer selbst willen, sondern nur darum liebte, weil sie ihm Gelegenheit gab, in der freien Natur umherzuschweifen, (cf. Ap. 312) dass er überhaupt ihre Existenz leugnete: *je ne me suis point aperçu qu'il eût fait aucune étude des propriétés des plantes, ni même qu'il y crût beaucoup* (2. Dial.)

à monter et à descendre, des précipices à mes côtés qui me fassent bien peur;[1]) und *J'allais chercher quelque lieu sauvage dans la forêt, quelque lieu désert*[2]).

So sagt Byron:
Dear Nature,
Oh! she is fairest in her features wild,
Where nothing polish'd dares pollute her path
To me by day or night she ever smiled,
Though I have mark'd her when none other hath,
And sought her more and more, and loved her best in wrath;[3])

und:
My joy was in the wilderness to breathe
The difficult air of the iced mountain's top
Where the birds dare not build, nor insects wing
Flit o'er the herbless granite[4]).

Sie waren die ersten, welche die Alpen zum Gegenstand wahrhaft poetischer Schilderung machten; seitdem ihre Werke mit so beispiellosem Erfolge sich über Europa und die Welt verbreiteten, begannen erst jene Touristenschwärme sich in die Schweiz zu ergiessen, die von Jahr zu Jahr sich mehren, begann erst der Kultus des Hochgebirgs als ein wichtiges Moment in unsere ganze moderne Bildung und Kunst einzuziehn. Die von Rousseau und Byron angeschlagenen Hochlandsklänge, sie tönten in allen neuen Litteraturen in schönen Accorden weiter.

Aber nicht allein in der Schilderung des Hochgebirgs im allgemeinen treffen sie zusammen, sogar auch in der Schilderung einer und derselben Stelle in demselben.

Es war der Genfer See,[5]) den Rousseau zum Schau-

---

[1]) Conf. IV.   [2]) 3. L. à Malesh. janv. 1762.
[3]) Ch. H. II. 37.   [4]) Manfred, II. 2.
[5]) Sie stimmten überhaupt in einer grossen Vorliebe für das Wasser überein, von Byron ist dies allbekannt, aber auch Rousseau sagt, dass er stets für das Wasser eine Leidenschaft gehabt habe, dass dessen Anblick ihn in ein entzückendes Träumen versenke, oft ohne einen bestimmten Gegenstand. Hierauf bezüglich ist die folgende Stelle: *En suivant ce beau rivage (du Lac Leman) je me livrai à la plus douce mélancholie. Combien de fois, m'arrêtant pour pleurer à mon aise, assis sur une grosse pierre, je me suis amusé à voir tomber mes larmes dans l'eau!* (Conf. IV). Byron liebte es

platz der Nouvelle Héloïse machte, es war derselbe See, dem Byron im dritten Gesange des Childe Harold unvergängliche Stanzen widmete[1]). Zunächst befindet sich unter ihnen die Apostrophe an Rousseau, die wir in der Einleitung angeführt, dann treffen wir auf die Schilderung einer Sommernacht am Genfer See, unterbrochen von einem furchtbaren Gewittersturm,[2]) und schliesslich auf die Schilderung von Clarens[2]). Byron feiert es als *„birthplace of deep Love!"* Nicht allein, weil Rousseaus Liebesroman in dessen Nähe spielt, sondern auch noch aus einem andern Grunde, den er uns in einer Anmerkung sagt: *But this* (die Erinnerung an die Nouvelle Héloïse) *is not all; the feeling with which all around Clarens, and the opposite rocks of Meillerie is invested, is of a still higher and more comprehensive order than the mere sympathy with individual passion; it is a sense of the existence of love in its most extended and sublime capacity: it is the great principle of the universe, which is there more condensed, but not less manifested.*

Aber mag auch die Schönheit der Gegend an und für sich auf Byron einen noch so grossen Einfluss gehabt haben, er irrt sich, wenn er glaubt, das Gefühl, welches sie in ihm erregt, scheiden zu können von jenem Gefühl, das die Nouvelle Héloïse unauslöschlich in den Herzen aller ihrer Leser zurücklässt. Wir können sicher annehmen, dass es die Ver-

---

ebenfalls am Genfer See zu sitzen, stundenlang auf die Wasserfläche zu blicken und dem Plätschern der Wellen zu lauschen. So berichtet Moore: *One of his chief delights, as he mentioned in his „Memoranda" was, when bathing in some retired spot, to seat himself on a high rock above the sea, and there remain for hours; gazing upon the sky and the water and lost in that sort of vague reverie, which, however formless and indistinct at the moment, settled afterwards on his pages into those clear, bright pictures, which will endure for ever.* M. I 191.

[1]) st. 68—108. Byron schrieb ferner ein Sonett: *To Lake Leman*, das beginnt:

Rousseau — Voltaire — our Gibbon — and de Staël —
Leman! these names are worthy of thy shore,
Thy shore of names like these! —

Mit Recht hat er hier Rousseau vorangestellt.

[2]) st. 85—98.   [3]) st. 99—104.

schmelzung dieser beiden Gefühle war, die ihn jene glühenden Stanzen über Clarens schreiben liess. Es war ohne Zweifel Rousseau, der ihn ohne sein Wissen inspirierte. Mit der *Nouvelle Héloïse* in der Hand hatte er die Gegend durchstreift: *I have traversed all Rousseau's ground with the Héloïse before me*, schreibt er an Murray,[1]) *and am struck to a degree that I cannot express with the force and accuracy of his descriptions and the beauty of their reality. Meillerie, Clarens, and the Château de Chillon, are places of which I shall say little, because all I could say must fall short of the impression they stamp.*

Führen wir noch eine Stelle an, die den Eindruck zeigt, den Clarens mit all seinen Erinnerungen auf Byron machte. Thomas Moore schreibt: *Luckily for Shelley's full enjoyment of these scenes, he had never before happened to read the Héloïse; and though his companion had long been familiar with that romance, the sight of the region itself, the „birth-place of deep Love" every spot of which seemed instinct with the passion of the story, gave to the whole a fresh and actual existence in his mind. Both were under the spell of the Genius of the place, — both full of emotion; and as they walked silently through the vineyards that were once the „bosquet de Julie", Lord Byron suddenly exclaimed „Thank God, Polidori is not here".*

That the glowing stanzas suggested to him by this scene were written upon the spot itself, appears almost certain from the letter addressed to Mr. Murray on his way back to Diodati in which he announces the third Canto as complete and consisting of 117 stanzas. [2])

Aber nicht allein sollte es die gleiche Bewunderung sein für eine und dieselbe Gegend, in der Rousseau und Byron sich zusammenfanden, der Zufall sollte es noch fügen, dass Byron an derselben Stelle des Sees denselben Sturm erlebte, wie St. Preux und Mme de Wolmar bei ihrer berühmten *Promenade sur le Lac*. *I had the fortune,*

---
[1]) June 27. 1816.   [2]) M. I. 500.

lesen wir in Byrons Anmerkung zu Childe Harold III. 104, *to sail from Meillerie to St. Gingo during a lake storm, which added to the magnificence of all around, although occasionally accompanied by danger to the boat, which was small and overloaded. It was over this very part of the lake, that Rousseau has driven the boat of St. Preux and Madame Wolmar to Meillerie for shelter during a tempest.*

Der Zufall sollte es ebenfalls fügen, dass wir hier noch weiter ein Band finden, welches Rousseau mit Byron verknüpft. Der erstere hatte mit einem Herrn *De Luc* und dessen zwei Söhnen eine *Promenade autour du Lac* gemacht; der eine dieser Söhne las nun als Greis noch Byrons *Prisoner of Chillon! It is odd,* fügt Byron zu dieser Thatsache hinzu, *that he should have lived so long and not wanting in oddness that he should have made this voyage with Jean Jacques, and afterwards at such an interval read a poem by an Englishman, who had made the same circumnavigation upon the same scenery.* [1]

Nachdem wir diese eigentümliche Thatsache hier erwähnt und so zuletzt auf den Ort hingewiesen haben, der gleichsam als vornehmster Verknüpfungspunkt zwischen ihnen dient, weil sie es beide waren, die ihn mit dem Kranze einer unvergänglichen Liebespoesie schmückten, auf Clarens, schliessen wir diese Arbeit, nicht ohne zu hoffen, dass sie etwas zur Aufklärung des Verhältnisses beitragen mag, in welchem die beiden Männer zu einander stehn, und zur Kenntnis des Einflusses, den der eine auf den andern möglicherweise ausgeübt.

---

[1] cf. Ap. 309.

Appendix.

1. My friends are *dead* or *estranged*.
to Dallas, Sept. 7. 1811.
2. After his departure from Southwell, *he had not a single friend or relative* to whom he could look up with respect; *but was thrown alone on the world*, with his passions and his pride, to revel in the fatal discovery which he imagined himself to have made of the nothingness of the future, and the all-paramount claims of the present.
M. I. 98.
3. Though too proud to complain of his loneliness, it was evident that he felt it; and that the state of *cheerless isolation, „unguided and unfriended"*, to which, on entering into manhood, he had found himself abandoned, was one of the chief sources of that resentful disdain of mankind, which even their subsequent worship of him came too late to remove.
M. I. 241.
4. Having no resources in private society, from *his total want of friends and connexions*, he was left to live loosely about town among the loungers in coffee-houses.
M. I. 190.
5. I was so *completely alone* in this new world (Cambridge), that it half broke my spirits.
M. I. 53.
6. What is the worst of woes that wait on age?
What stamps the wrinkle deeper on the brow?
To view *each loved one blotted from life's page,*
And *be alone on earth,* as I am now.
Ch. H. II. 98.
7. All thou couldst have of mine, stern Death! thou hast.
The parent, friend, and now the more than friend;
Ne'er yet for one thine arrows flew so fast,
And grief with grief continuing still to blend,
Hath snatch'd the little joy that life had yet to lend.
Ch. H. II. 96.
8. Away, ye gay landscapes, ye gardens of roses!
In you let the minions of luxury rove:
Restore me *the rocks*, where the snow flake reposes,
Though still they are sacred to freedom and love:
Yet, *Caledonia, beloved are thy mountains,*
Round their white summits though elements war;
Though *cataracts foam* 'stead of smooth-flowing fountains,
I sigh for the valley of dark Loch na Garr.
Hours of Idleness.
9. De tous les hommes, *celui dont le caractère dérive le plus pleinement de son seul tempérament est Jean-Jacques.* Il est ce que l'a fait la nature: *l'éducation ne l'a que bien peu modifié.*
2. Dial.

10. He had been *ill brought up*, and was born bilious.
D. J. I. 35.

11. Cette vie oisive et contemplative me devient chaque jour plus délicieuse. *Errer seul sans fin et sans cesse parmi les arbres et les rochers, rêver ou plutôt extravaguer à mon aise, me livrer sans gêne à mes fantaisies, voilà pour moi la suprême jouissance.*
L. à de Mirabeau, 31 janv. 1767.

12. J'ai des journées délicieuses, *errant sans souci, sans projet, sans affaires*, de bois en bois et de rochers en rochers, rêvant toujours et ne pensant point.
L. à Mme. La C. de B. 26 août 1764.

13. Jamais je n'ai tant pensé, tant existé, tant vécu, tant été moi, si j'ose ainsi dire, que dans *les voyages, que j'ai faits seul* et à pied.
Conf. IV.

14. J'aime à marcher à mon aise, et m'arrêter quand il me plaît. *La vie ambulante est celle qu'il me faut.* Faire route à pied par un beau temps, dans un beau pays, sans être pressé, et avoir pour terme de ma course un objet agréable; voilà de toutes les manières de vivre celle qui est le plus de mon goût.
Rousseau.

15. All that I am afraid of is, that I shall contract *a gipsylike wandering disposition*, which will make home tiresome to me: this I am told is very common with men in the habit of peregrination, and, indeed, I feel it so.
to his mother. Constantinople 1810.

16. For some time he had entertained *thoughts of going again abroad;* and it appeared, indeed, to be a sort of relief to him, whenever he felt melancholy or harassed, to turn to the *freedom and solitude of a life of travel* as his resource.
M. I. 295.

17. He was naturally *shy, very shy*, which people who did not know him mistook for pride.
M. I. 64.

18. Wo could believe that he had a constant, and *almost infantine timidity*, of which the evidences were so apparent as to render its existence indisputable.
Gräfin Albrizzi, M. II. 133.

19. The *proud shyness* with which, through the whole of his minority, he kept aloof from all intercourse with the neighbouring gentlemen
M. I. 55.

20. A *shy disposition*, such as Byron's was in his youth — and such as, to a certain degree, it continued all his life.
M. I. 34.

21. Had I but sooner learnt *the crowd to shun*, I had been better than I now can be.
To Augusta.

22. *Company, villanous company*, hath been the spoil of me.
Journal, Nov. 14. 1813.

23. He would frequently talk of selling Newstead, and of going to reside at Naxos, in the *Grecian Archipelago*, — to adopt the *Eastern costume and costumes*, and to pass his time in studying the *Oriental languages and literature*. M. I. 295.

24. I shall find employment in making myself a good *Oriental scholar*. I shall retain a mansion in one of the fairest islands, and retrace, at intervals, *the most interesting portions of the East*.
to Hodgson. Febr. 16. 1812.

25. I have no ambition; at least, if any, it would be „out Caesar out nihil." My hopes are limited to the arrangement of my affairs, and settling either in Italy *or the East (rather the last), and drinking deep of the languages and literature of both*.
Journal, Nov. 23. 1813.

26. Je viens de retrouver parmi de vieux papiers une espèce d'exhortation que je me faisais à moi-même, et où je me félicitais de *mourir à l'âge où l'on trouve assez de courage* en soi pour envisager la mort, et sans avoir éprouvé de grands maux ni de corps ni d'esprit durant ma vie. Conf. VI.

27. Forget this world, my *restless* sprite,
 Turn, turn thy thoughts to Heaven:
There must thou soon direct thy flight,
 If errors are forgiven.
To bigots and to sects unknown,
Bow down beneath the Almighty's Throne;
 To him address thy trembling prayer:
He, who is merciful and just,
Will not reject a child of dust,
 Although his meanest care.

Father of light! to Thee I call,
 My soul is dark within:
Thou, who canst mark the sparrow's fall,
 Avert the death of sin.
Thou, who canst guide the wandering star,
Who calm'st the elemental war,
 Whose mantle is yon boundless sky,
My thoughts, my words, my crimes forgive;
And, since I soon must cease to live,
 Instruct me how to die. The Adieu, 1807.

28. What others would have bowed to, as misfortunes, his proud spirit rose against, *as wrongs;* and the vehemence of this reaction produced, at once, a revolution throughout his whole character*), in which, as in revolutions of the political world, all that was bad and irregular in his nature burst forth with all that was most energetic and grand.

 *) *Rousseau* appears to have been conscious of a similar sort

of change in his own nature: „They have laboured without intermission, he says in a letter to Madame de Boufflers, to give to my heart and perhaps, at the same time to my genius, a spring and stimulus of action, which they have not inherited from nature. *I was born weak, ill treatment has made me strong.*"
Hume's Private Correspondence. M. I. 142.

On a travaillé sans relâche à donner à mon cœur, et peut-être à mon génie, le ressort que naturellement ils n'avaient pas. J'étais né faible; les mauvais traitements m'ont fortifié : à force de *vouloir m'avilir*, on m'a *rendu fier*.   L. à Mme. La C. de B. 26 août 1864.

29. La romanesque journée de Toune, passée avec tant d'innocence et jouissance entre ces deux charmantes filles (Galley et Graffenried), m'avait laissé des regrets si vifs, si touchants, *si durables, tous ces ravissants délires d'un jeune cœur, que j'avais sentis alors dans toute leur force.*   Conf. VIII.

30. Tout tient à la *première accusation* qui l'a fait déchoir tout d'un coup du titre *d'honnête-homme* qu'il avait porté jusqu'alors, pour y substituer celui *du plus affreux scélérat*.   2. Dial.

31. Accusé tout d'un coup d'être un *monstre abominable*, après avoir joui de *l'estime publique et de la bienveillance de tous ceux qui l'ont connu*.   1. Dial.

32. Étouffé dans la fange.   1. Dial.

33. Tout le monde s'empressa de le rassasier *d'opprobres et d'indignités*.   1. Dial.

34. Rassasié du pain de *l'ignominie* et de la coupe de *l'opprobre*.   1. Dial.

35. Cet *abîme de ténèbres* où l'on m'a plongé.   2. Dial.

36. Tout n'est autour de lui que pièges, mensonges, *trahisons, ténèbres*.   1. Dial.

37. L'immense *édifice de ténèbres* qu'ils (les persécuteurs) ont élevé autour de lui.   1. Dial.

38. *The secret enemy, whose sleepless eye*,
    Stands sentinel — accuser — judge — and spy,
    The foe — the fool — the jealous — and the vain,
    The envious, who but breathe in others' pain,
    Behold the host! delighting to deprave,
    Who track the steps of Glory to the grave,
    Watch every fault that *daring Genius* owes
    Half to the ardour which its birth bestows,
    Distort the truth, accumulate the lie,
    And pile *the Pyramid of Columny!*
Monody on Sheridan.

39. Personne n'a donné le moindre indice, la moindre lumière à l'accusé, qui pût le mettre en état de se défendre; il n'a pu tirer d'aucune bouche un seul mot d'éclaircissement sur *les charges atroces dont on l'accable à l'envi;* tout s'empresse à renforcer *les ténèbres* dont on l'environne; et l'on ne sait à quoi chacun se livre avec plus d'ardeur, de le diffamer absent, ou de le persifler présent.   1. Dial.

40. On dérobe à l'accusé *la connaissance de l'accusation, de l'accusateur, des preuves.* C'est faire cent fois *pis qu'à l'Inquisition:* car si l'on y force le prévenu de s'accuser lui-même, du moins *on ne refuse pas de l'entendre,* on ne *l'empêche pas de parler,* on ne lui cache pas qu'il est accusé, et *on ne le juge qu'après l'avoir entendu.*
           Hist. des Dial.

41. The world, which always decides justly, not only in Arragon but in Andalusia, determined that I was not only to blame, but that *all Spain could produce nobody so blamable.* My case was supposed to comprise *all the crimes which could, and several which could not, be committed,* and little less than *an auto-da-fé* was anticipated as the result.
Adventures of a young Andalusian nobleman. Fragment, M. II. 315.

42. *Inquisitors* for friends, and hell for life!   Mar. III. 2.

43. Moi, je sais dans ma conscience *qu'aucun crime jamais n'approcha de mon cœur.*   Hist. des Dial.

44. Ce que je sais c'est que je n'ai pas mérité mon sort.
           Hist. des Dial.

45. Quoiqu'il arrive, et quelque sort qu'on me prépare; quand on vous aura fait l'énumération de mes crimes; quand on vous en aura montré *les frappants témoignages, les preuves sans réplique, la démonstration, l'évidence;* souvenez-vous des trois mots par lesquels ont fini mes adieux: *Je suis innocent.*   L. à Mme. B. 16 mars 1770.

46. *Le moment viendra,* mon cœur me l'assure, où sa défense, aussi périlleuse aujourd'hui qu'inutile, honorera ceux qui s'en voudront charger, et les couvrira, sans aucun risque, d'une gloire aussi belle, aussi pure, que la vertu généreuse en puisse obtenir ici-bas.   3. Dial.

47. Je ne me soucie guères de *ma réputation parmi mes contemporains,* la seule gloire qui ait jamais touché mon cœur est *l'honneur que j'attends de la postérité* et qu'elle me rendra parce qu'il m'est dû, et que *la postérité est toujours juste.*   4. L. à Malesh.

48. *Mais je comptais encore sur l'avenir,* et j'espérais qu'une *génération meilleure, examinant mieux* et les jugements portés par celle-ci sur mon compte, et sa conduite avec moi, *démêlerait aisément l'artifice de ceux qui le dirigent,* et me verrait enfin tel que je suis. C'est cet espoir qui m'a fait écrire mes Dialogues.   Rêv. 1. Prom.

49. Je n'ai plus en ce monde *ni prochain, ni semblables, ni frères.*
           Rêv. 1. Prom.

50. Un infortuné qu'on a *retranché de la société humaine*.

Rêv. 5. Prom.

51. Privé de toute société humaine. 1. Dial.

52. Pour ne pas perdre de temps, en cas d'affirmation, il faudrait m'indiquer quelqu'un à Livourne à qui je puisse demander les instructions *pour le passage.*   L. à M. Butta-Foco, 24 mars 1765.

53. Tell him — what thou dost behold!
    The wither'd frame, the ruin'd mind,
    The wrack by passion left behind,
    A shrivell'd scroll, a scatter'd leaf,
    Sear'd by the autumn blast of grief! Giaur.

54. He knew himself *the most unfit*
    Of men to herd with Man; with whom he held
    Little in common. Ch. H. III. 12.

55. To fly from, need not be to hate, mankind;
    All are *not fit with them to stir and toil.* Ch. H. III. 69.

56. There was in him a vital scorn of all:
    As if the worst had fall'n which could befall,
    He stood *a stranger in this breathing world,*
    An erring spirit from another hurl'd. Lara I. 18.

57. Moi, qui me sens meilleur et plus juste qu'aucun homme qui me soit connu.

3. Dial.

58. Je connais mes grands défauts, et je sens vivement tous mes vices. Avec tout cela je mourrai plein d'espoir dans le Dieu suprême, et très persuadé que de tous les hommes que j'ai connus en ma vie, *aucun ne fut meilleur que moi.*   1. L. à Malesherbes, janv. 1762.

59. From my youth upwards
    My spirit walk'd not with the souls of men.

M. II. 2.

60. Too high for common selfishness, he could
    At times resign his own for others' good,
    But not in pity, not because he ought,
    But in *some strange perversity of thought,*
    That sway'd him onward with a secret pride
    To do what few or none would do beside. Lara I. 18.

61. Tous les jours *méditant des folies,* et tous les jours *revenant à lui.*
    Les Amours de Milord Edouard Bomston.

62. Le bon Edouard qui n'est jamais *si philosophe que quand il fait des sottises.* N. H. V. 1.

63. I never know what I shall do till it is done.

to Murray, Apr. 9. 1817.

64. At the 'end of a week my interest in a composition goes off.

to Murray, Apr. 26. 1814.

65. I have been out a year already, and may stay another; but I am *quicksilver*, and say nothing positively.
to Dr. Drury, June 17. 1810.

66. How can you ask if Lord Byron is going to visit the Highlands in the summer? Why, don't you know that he never knows his own mind for ten minutes together? I tell him *he is as fickle as the winds, and as uncertain as the waves.* Miss Pigot. M. I. 94.

67. The quality which I have denominated *versatility*, as applied to *power*, Lord Byron has himself designated by the French word „*mobility*", as applied to feeling and conduct. M. II. 504.

68. *So various, indeed, and contradictory, were his attributes, both moral and intellectual*, that he may be pronounced to have been not one, but many. M. II. 501.

69. *Contradictions* ought not to surprise us in characters like Lord Byron's. Gräfin Albrizzi. M. II. 134.

70. Jean-Jacques Rousseau nous semble *devenu misanthrope par rancune de déclassé.* Merlet.

71. . . . . . *Deformity* is daring;
It is its essence to o'ertake mankind
By heart and soul, and make itself the equal —
Ay, the superior of the rest. There is
A spur in its halt movements, to become
All that the others cannot, in such things
As still are free to both, to compensate
For stepdame Nature's avarice. Def. Transf. I. 1.

72. Un homme si *haut*, si *fier*, si *orgueilleux*. 1. Dial.

73. Ces écrits à la fois *si fiers* et si touchants. Rousseau.

74. Julie: Mon bon ami! *toujours de l'orgueil*, quoi qu'on fasse. N. H. VI. 8.

75. Humility — I *never* had. Manfred.

76. Chain'd to *excess*, the slave of each *extreme*. Lara I. 8.

77. I know thee for a man of many thoughts,
And deeds of good and ill, *extreme in both*,
Fatal and fated in they sufferings. Manfred.

78. He long'd *by good or ill* to separate
Himself from all who shared his mortal state. Lara I. 18.

79. *He soar'd beyond or sunk beneath
The men* with whom he felt condemn'd to breathe. Lara I. 18.

80. 'T was strange — in youth all action and all life,
Burning for pleasure, not averse from strife:
Woman — the field — the ocean — all that gave

Promise of gladness, peril of a grave,
In turn he tried — he ransack'd all below,
And found his recompense in joy or woe,
*No tame, trite medium; for his feelings sought
In that intenseness an escape from thought.* Lara I. 8.

81. „I never, said he (Dr. Polidori), met with a person so unfeeling". This sally, though the poet had evidently brought it upon himself, annoyed him most deeply. „Call *me* cold-hearted — *me* insensible!" he exclaimed, with manifest emotion — „as well might you say that glass is not brittle, which has been cast down a pricipice, and lies dashed to pieces at the foot!" M. I. 501.

82. Cette pente naturelle qui m'attire vers les malheureux.
Conf. VIII.

83. Dans tous les lieux où il a vécu jadis, dans les habitations où on lui a laissé faire assez de séjour pour y laisser des traces de son caractère, les regrets des habitants l'ont toujours suivi dans sa retraite; et seul peut-être de tous les étrangers qui jamais vécurent en Angleterre, il a vu le peuple de Wootton pleurer à son départ. 2. Dial.

84. Of his *charity* and *kind-heartedness* he left behind him at Southwell — as, indeed, at every place, throughout life, where he resided any time — the most cordial recollections: „He never", says a person, who knew him intimately at this period, „met with objects of distress without affording them succour." M. I. 75.

85. He was also *ever ready to assist the distressed*, and he was *most unostentatious in his charities:* for besides considerable sums which he gave away to applicants at his own house, he contributed largely by weekly and monthly allowances to persons whom he had never seen, and who, as the money reached them by other hands, did not even know who was their benefactor. Hoppner. M. II. 139.

86. Sard: I feel . . . a disposition
To love and to be *merciful.* Sard. I. 2.

87. L. de St. Preux à mylord Edouard: Raisons de *la charité* qu'on doit avoir pour les mendiants. N. H. V. 2.

88. Such effect had the passionate energy of Kean's acting on his mind, that, once, in seeing him play Sir Giles Overreach, he was so affected as to be seized with a sort of convulsive fit; and we shall find him, some years after, in Italy, when the representation of Alfieri's tragedy of Mirra had agitated him in the same violent manner, comparing the two instances as the only ones in his life when „any thing under reality" had been able to move him so powerfully. M. I. 395.

89. At length there came a point of the performance at which he could no longer restrain his emotions; — *he burst into a flood of tears*, and his sobs preventing him from remaining any longer in the box, he rose and left the theatre. to Murray, Aug. 12. 1819.

90. He would start objections to the arguments of others, and detect their fallacies; but of any consecutive ratiocination on his own side he seemed, if not incapable, impatient. In this, as in many other peculiarities belonging to him, — *his caprices, fits of weeping, sudden affections and dislikes*, — may be observed striking traces of *a feminine cast of character*. M. II. 429.

91. Unluckily the boyish desire *of being thought worse than he really was*, remained with Lord Byron, as did some *other feelings and foibles of his boyhood*, long after the period when, with others, they are past and forgotten; and his mind, indeed, was but beginning to outgrow them, when he was snatched away. M. I. 95.

92. Among other preparations for his expedition, he ordered three *splendid helmets* to be made, — *with his never forgotten crest* engraved upon them, — for himself and the two friends who were to accompany him. In this little circumstance we have one of the many instances that occur amusingly through his life, to confirm the quaint but, as applied to him, true observation, that „*the child is father to the man;"* — the characteristics of these two periods of life being in him so anomalously transposed, that while the passions and refined views of the man developed themselves in his boyhood, so the easily pleased fancies and vanities of the boy were for ever breaking out among the most serious moments of his manhood. M. II. 414.

93. Si jamais il y eut une âme *violente et follement sensible*, c'est celle-là.
Taine.

94. Ses vices ne font de mal *qu'à lui seul*. 2. Dial.

95. Ses vices n'ont jamais fait de mal *qu'à lui*. 2. Dial.

96. J'étais homme et j'ai péché; j'ai fait de grandes fautes que j'ai bien expiées, mais *le crime n'approcha jamais de mon cœur*.
Lettre à Saint-Germain. 1770.

97. *Jamais mal prémédité* n'approcha de mon cœur. Rev. 8. Prom.

98. In all such speculations and conjectures as to what might have been, under more favourable circumstances, his character, it is invariably to be borne in mind, that *his very defects were among the elements of his greatness*, and that it was out of the struggle between the good and evil principles of his nature that his mighty genius drew its strength.
M. I. 241.

99. I thought there was something of wild talent in him (Muley Muloch), mixed with *a due leaven of absurdity, — as there must be in all talent*, let loose upon the world, without a martingale.
to Moore. Dec. 9. 1820.

100. J'avoue que je sais quelque gré à la mère de Sophie de ne lui avoir pas laissé *gâter dans le savon des mains aussi douces que les siennes*, et qu'Émile doit baiser si souvent. Ém. V.

101. Le travail qu'elle préfère à tout autre est la dentelle, parce qu'il n'y en a pas un *qui donne une attitude plus agréable,* et où les doigts s'exercent avec plus de *grâce et de légèreté.* Ém. V.
102. Sophie n'aime pas la cuisine. Ém. V.
103. *His love was passion's essence* — as a tree
 On fire by lightning; with ethereal flame
 Kindled he was, and blasted; for to be
 Thus, and enamour'd, were in him the same. Ch. H. III. 78.
104. Dans un transport involontaire, elle (Mme. d'Houdetot) s'écria: Non, jamais homme ne fut si aimable, et *jamais aimant n'aima comme vous!* Conf.
105. Je fus *sublime,* si l'on peut nommer ainsi tout ce que *l'amour le plus tendre et le plus ardent* peut porter d'aimable et de séduisant dans un cœur d'homme. Conf.
106. Love is vanity
 Except where 'tis a mere *insanity,*
 A maddening spirit. D. J. IX. 73.
107. . . . Thou wert, thou art
 The cherish'd *madness* of my heart! Giaur.
108. Love, that mere *hallucination.* D. J. XIII. 6.
109. Many of them (Hours of Idleness) were written under *great depression of spirits,* and during severe indisposition: hence the gloomy turn of the ideas. L. to M. Bankes, March 6. 1807.
110. I am not sure that long life is desirable for one of my temper and *constitutional depression of spirits,* which of course I suppress in society, but which breaks out when alone, and in my writings, in spite of myself . . . I call it constitutional, as I have reason to think it. to Murray, Sept. 20. 1821.
111. You seem to think that I could not have written the Vision under the influence of *low spirits;* but I think there you err.
 to Moore, Nov. 16. 1821.
112. I must try the hartshorn of your company; and a session of Parliament would suit me well, — any thing to cure me of conjugating *the accursed verb „ennuyer".* to Hodgson, Oct. 13. 1811.
113. I am „ennuyé" beyond my usual tense of that yawning verb, which I am always conjugating; and I don't find that society much mends the matter. I am too lazy to shoot myself.
 Journal, Dec. 10. 1813.
114. Swimming also raises my spirits, — but *in general they are low,* and get daily lower. That is hopeless. Diary, Jan. 6. 1821.
115. This paradise of pleasure and „*ennui".* D. J. XIV. 17.
116. Nor below
 Can love, or sorrow, fame, ambition, strife,
 Cut to his heart again with the keen knife
 Of silent, sharp endurance. Ch. H. III. 5.

117. What I feel most growing upon me are *laziness*, and a disrelish more powerful than indifference. *If I rouse, it is into fury.* I presume that I shall end (if not earlier by accident, or some such termination) like Swift — „dying at top".   Diary. Febr. 2. 1821.

118. Un *cœur actif* et un *naturel paresseux* doivent inspirer le goût de la rêverie.   2. Dial.

119. Une *âme paresseuse* qui s'effraye de tout soin, un *tempérament ardent, bilieux, facile à s'affecter*, et sensible à l'excès à tout ce qui l'affecte, semblent ne pouvoir s'allier dans le même caractère; et ces deux contraires composent pourtant le fond du mien. Quoique je ne puisse résoudre cette opposition par des principes, elle existe pourtant.
     2. L. à Malesh. janv. 1762.

120. Moi qui ne cherche que la solitude et la paix, moi dont le souverain bien consiste dans *la paresse et l'oisiveté*.
     L. à Diderot, 2 mars 1758.

121. Il n'y a rien de grand, de beau, de généreux, dont par élans il ne soit capable; mais il se lasse bien vite, et retombe aussitôt dans *son inertie:* c'est en vain que les actions nobles et belles sont quelques instants dans son courage, *la paresse* et la timidité qui succèdent bientôt, le retiennent, l'anéantissent; et voilà comment, avec des sentiments quelquefois élevés et grands, il fut toujours petit et nul par sa conduite.   2. Dial.

122. I am obstinate and *lazy*.   to Murray, Aug. 12. 1819.

123. I am too *lazy* to shoot myself.   Journal, Dec. 10. 1813.

124. I am „*very idle*". I have read the few books I had with me, and been forced to fish, for lack of argument.
     to Murray, Sept. 7. 1814.

125. Two days missed in my log-book; hiatus *haud* deflendus. They were as little worth recollection as the rest; and, luckily, *laziness* or society prevented me from „notching" them.   Journal, Nov. 30. 1813.

126. I cannot settle to any thing, and *my days pass*, with the exception of bodily exercise to some extent, *with uniform indolence*, and idle insipidity.   to Dallas, Sept. 17. 1811.

127. The *passions*
Have pierced his heart!   Manfred. II. 4.

128. *Fiery passions* that had poured their wrath
In hurried desolation o'er his path.   Lara I. 18.

129. *My passions were all living serpents*, and
Twined like the Gorgons round me.   Werner. I. 1.

130. *Untaught* in youth *my heart to tame*.
     Ch. H. III. 7.

131. I could not tame my nature down.   Manfred. III. 2.

132. Rousseau nennt St. Preux: plein *de faiblesse* et de beaux discours.

133. Sard: Femininely meaneth furiously,
Because *all passions in excess are female*.
Sard. III. 1.

134. Que les *passions impétueuses* rendent les hommes *enfants*.
N. H. II. 16.

135. What sensation is *so delightful as Hope?* and, if it were not for Hope, where would the Future be? — in hell. It is useless to say *where* the Present is, for most of us know; and as for the Past, *what* predominates in memory? — *Hope baffled*. Ergo, in all human affairs, it is Hope — Hope — Hope! Diary. Jan. 28. 1821.

136. Julie: *Malheur à qui n'a plus rien à désirer!* Il perd, pour ainsi dire, tout ce qu'il possède. On jouit moins de ce qu'on obtient que de ce qu'on espère, et *l'on n'est heureux qu'avant d'être heureux*.
N. H. VI. 8.

137. The keenest pangs the wretched find
Are rapture to the *dreary void*,
The leafless desert of the mind,
The waste of feelings unemploy'd.
Giaur.

138. If it be life to wear within myself
This barrenness of spirit, and to be
My own soul's sepulchre, for I have ceased
To justify my deeds unto myself —
The last infirmity of evil.
Manfred. I. 2.

139. We wither from our youth, we gasp away —
Sick — sick; unfound the boon — unslaked the thirst,
Though to the last, in verge of our decay,
Some phantom lures, such as we sought at first —
But all too late, — so are we doubly curst,
*Love, fame, ambition, avarice, — 'tis the same,
Each idle — and all ill — and none the worst —*
For all are meteors with a different name,
And death the sable smoke where vanishes the flame.
Ch. H. IV. 124.

140. Ici l'on va voir *encore une de ces inconséquences dont ma vie est remplie* et qui m'ont fait si souvent aller contre mon but, lors même que j'y pensais tendre directement.
Conf. V.

141. While *braving the world's ban so boldly*, and asserting man's right to think for himself with a freedom and even daringness unequalled, the original shyness of his nature never ceased to hang about him.
M. II. 405.

142. For ever *warring with the world's will* but *living in the world's breath*.
Moore.

While *scorn for the public voice* was on his lips, the *keenest sensitiveness to its very breath* was in his heart.
M. II. 502.

143. Mon cœur s'enflamme bien plus aux injustices dont je suis témoin, qu'à celles dont je suis la victime; il lui manque, pour ces dernières, *l'énergie et la vigueur d'un généreux désintéressement.* Il me semble que ce n'est pas la peine de m'échauffer pour une cause qui n'intéresse que moi.   L. à M. du Belloy, 12. mars 1770.

144. He believed satire to be his *forte*.   Dallas. M. I. 196.

145.   None can hate
So much as I do any kind of wrangle;
And yet, such is my *folly*, or my *fate*,
I always *knock my head against some angle*
About the present, past, or future state.
    D. J. XV. 91.

146. *My whole life was a contest,* since the day
That gave me being, gave me that which marr'd
The gift, — a fate, or will that walk'd astray.
    To Augusta.

147. „It is odd, he says, but agitation or contest of any kind gives a rebound to my spirits, and sets me up for the time."
    M. I. 480.

148. A serpent round my heart was wreathed,
And stung my *every thought to strife*.   Giaour.

149. Manfred: *My life* hath been *a combat,*
And *every thought a wound.*
    Manfred III. First Redaction. Moore II. 33.

150. His life was *one long war* with self-sought foes.
    Ch. H. III. 80.

151. And I will *war*.   D. J. IX. 24.

152. In truth, dear Clare, in fancy's flight
I soar along from left to right;
My muse admires digression.
    Hours: To the Earl of Clare.

153.   ... I must own,
If I have any fault, it is *digression*.
    D. J. III. 96.

154. Jamais un malheur, quel qu'il soit, ne me trouble et ne m'abat, pourvu que je sache en quoi il consiste; mais mon penchant naturel est d'avoir peur des ténèbres: je redoute et je hais leur air noir, le mystère m'inquiète toujours, il est par trop antipathique avec *mon naturel ouvert jusqu'à l'imprudence.* L'aspect du monstre le plus hideux m'effraierait peu, ce me semble, mais si j'entrevois de nuit une figure sous un drap blanc, j'aurai peur.   Conf. XI.

155. Remember that I prefer the *most disagreeable certainties to hints and innuendos*.   to Murray, Aug. 21. 1817.

156. *Les dures vérités qu'il a dites* sont de ces traits dont la blessure ne se ferme jamais dans les cœurs qui s'en sentent atteints.
3. Dial.

157. Ne'er doubt
This — when I speak, *I don't hint, but speak out.*
D. J. XI. 88.

158. Ne voulant cacher mes façons de penser à personne; *sans fard, sans artifice en toute chose, disant mes fautes à mes amis, mes sentiments à tout le monde.*
L. à Beaumont.

159. *La vérité* générale et abstraite *est le plus précieux de tous les biens.* Sans elle l'homme est aveugle; elle est l'œil de la raison. C'est par elle que l'homme apprend à se conduire, à être ce qu'il doit être, à faire ce qu'il doit faire, à tendre à sa véritable fin.
Rêv. 4. Prom.

160. I believe *truth the prime attribute of the Deity.*
to Dallas, Jan. 21. 1808.

161. Honorez *la vérité*, je vous abandonne tout le reste.
L. à M... 1. mars 1763.

162. Dans tout ce que je lisais de Jean-Jacques je sentais la *sincérité*, la *droiture* d'une âme haute et fière, mais *franche et sans fiel*, qui se montre sans précaution, sans crainte, qui *censure à découvert*, qui *loue sans réticence*, et qui n'a *point de sentiment à cacher.*
3. Dial.

163. Jean-Jacques montra aux hommes la route du vrai bonheur en leur apprenant *à distinguer la réalité de l'apparence.*
1. Dial.

164. Ma grande folie est de vouloir ne consulter que la raison et *ne dire que la vérité.*
Le Persifleur.

165. Ne suivant aucune secte, il n'eut dans ses recherches d'autre intérêt public que *celui de la vérité.*
1. Dial.

166. The *love of truth*, so apparent in all he wrote. M. I. 256.

167. Je m'élevais avec tant d'ardeur *contre l'opinion.* 8. Prom.

168. Last night, „party" at Lansdowne House. To night, „party" at Lady Charlotte Greville's — *deplorable waste of time*, and something of temper. *Nothing imparted — nothing acquired — talking without ideas:* — if any thing like „thought" in my mind, it was not on the subjects on which we were gabbling. Heigho! — and in this way half London pass what is called life.
Journal, March 22. 1814.

169. If you *merely echo the „monde"* (and it is difficult not do so, being in its favour and its fervement), I can only regret that you should ever repeat any thing to which I cannot pay attention.
to Moore, March 4. 1822.

170. Un homme dont l'ambitieux amour-propre voulait fouler à ses pieds *tous les préjugés, braver toutes les puissances.*
1. Dial.

171. Ce monde est fait pour les méchants.
L. à M. D... 7 févr. 1755.

172. *Le crime* adroit jouit dans cette vie de tous les avantages de *la fortune* et même de *la gloire*. *La justice* et les scrupules ne font ici-bas que *des dupes*.
3. L. à M. l'Abbé de... 4 mars 1764.

173. Le plus rampant, le plus bas, le plus servile est toujours le plus honoré.
Em. V.

174. L'intérêt présent, voilà le grand mobile, le seul qui mène sûrement et loin.
Rousseau.

175. My Dama is in the country for three days. But as I never live but for one human being at a time (and I assure you, *that one has never been myself*, as you may know by the consequences, for the selfish are successful in life) I feel alone and unhappy.
to Murray, Aug. 24. 1819.

176. Society ... which should create
Kindness, destroys what little we had got:
To feel for none is the true social art
Of the world's stoics — *men without a heart.*
D. J. V. 25.

177. The world corrupts the noblest soul.
To a youthful friend. 1808.

178. I think society, as now constituted *fatal* to all great original undertakings of every kind.
to Moore, March. 4. 1822.

179. I should hardly have thought it possible for society to leave a being (seinen Freund Clare) *with so little of the leaven of bad passions*.
Detached Thoughts. Nov. 5. 1821.

180. C'est la force et *la liberté* qui font les excellents hommes. La faiblesse et *l'esclavage* n'ont jamais fait que des méchants.
6. Prom.

181. „Alas! Venice, and her people and her nobles, are alike returning fast to the ocean; and *where there is no independence, there can be no real self-respect.*"
Byron. M. II. 85.

182. List of historical writers whose works I have perused in different languages.
Greece: ... *Plutarch.*

183. I pray you to send me a copy of Mr. Wrangham's reformation of „Langhorne's *Plutarch.*" I have the Greek, which is somewhat small of print, and the Italian, which is too heavy in style, and as false as a Neapolitan patriot proclamation.
to Murray. Ravenna May 28. 1821.

184. *Plutarch* says, in his Life of Lysander, that Aristotle observes „that in general great geniuses are of a melancholy turn." Memoirs M. II. 516.

185. When Athens' armies fell at Syracuse,
And fetter'd thousands bore the yoke of war,
Redemption rose up in the Attic Muse*),
Her voice their only ransom from afar:
See! as they chant the tragic hymn, the car
Of the o'ermaster'd victor stops, the reins
Fall from his hands — his idle scimitar
Starts from its belt — he rends his captive's chains,
And bids him thank the bard for freedom and his strains.
H. IV. 16.

*) The story is told in *Plutarch's* Life of Nicias.

186. Rousseau *trouva le terrain prêt;* le germe de l'insurrection contre la société en dissolution était au fond de toutes les âmes ardentes; le moment était venu de protester contre elle.
Vinet: Hist. de la litt. française au 18. siècle.

187. „Er entbürdete Tausende von gepressten Seelen von ihrem stummen Grolle, als er, ungehindert und ungeahndet in den furchtbarsten Ausdrücken des revolutionären Zornes die trotzigen Machthaber trotzig zu brandmarken wagte in jener ungeschminktesten Sprache der gröbsten Wahrheit, die das empörte Rechtsgefühl überall in sich hineinfluchte, aber der Gewalt gegenüber nicht durfte *laut* werden lassen."
Gervinus.

188. And *I will war*, at least in words, (and — should
My chance so happen — deeds), with all who war
With Thought; — and of Thought's foes by far most rude,
Tyrants and sycophants have been and are.
I know not who may conquer: if I could
Have such a prescience, it should be no bar
To this *my plain, sworn, downright detestation
Of every despotism in every nation.*
D. J. IX. 24.

189. It makes my blood boil, like the springs of Hecla,
To see men let these *scoundrel sovereigns* break law
D. J XV. 92.

190. Mind, good people! what I say —
(Or rather peoples) — go on without pause!
The web of *these tarantulas* each day
Increases; till you shall make common cause.
D J. IX. 28.

191. What *icebergs in the hearts of mighty men,*
With *self-love in the centre,* as their pole!
What *Anthropophagi* are nine of ten
Of those who hold the kingdoms in control!
D. J. XIV. 102.

192. Kings, who *now* at least *must talk* of law,
Before they *butcher*. D. J. X. 74.

193. So the interests of millions are in the hands of about *twenty coxcombs*, at a place called Laibach! Diary. Jan. 11. 1821.

„God save the king!" and kings!
For if he don't, I doubt if men will longer —
I think I hear a little bird, who sings
The people by and by will be the stronger. D. J. VIII. 50.
   The mob (will)
At last fall sick of imitating Job. D. J. VIII. 50.
At first it grumbles, then it swears, and then,
Like David, flings smooth pebbles 'gainst a giant;
At last it takes to weapons such as men
Snatch when despair makes human hearts less pliant.
Then comes „the tug of war" — 't will come again,
I rather doubt; and I would fain say „fie on't",
If I had not perceived that revolution
Alone can save the earth from *hell's pollution*.
          D. J. VIII. 51.

194. J'ai dit beaucoup de mal de vous; j'en dirai peut-être encore: cependant, chassé de France, de Genève, du canton de Berne, je viens chercher un asile dans vos États. --
„Puissé-je voir Frédéric, le juste et le redouté, couvrir enfin ses états d'un peuple heureux dont il soit le père! et J.-J. Rousseau, *l'ennemi des rois*, ira mourir au pied de son trône.
        Lettre au roi de Prusse.

195. Col. Stanhope and myself had considerable differences of opinion on this subject, and (what will appear laughable enough) to such a degree, that *he charged me with despotic* principles, and *I him with ultra radicalism*. to Mr. Barff. March 19. 1824.

196. „On politics, he used sometimes to express a high strain of what is now called Liberalism; but it appeared to me that the pleasure it afforded him as a vehicle of displaying his wit and satire against individuals in office was at the bottom of this habit of thinking, *rather than any real conviction of the political principles* on which he talked. He was certainly *proud of his rank and ancient family* and, in that respect, ¡as much an aristocrat as was consistent with good sense and good breeding. Some disgusts, how adopted I know not, seemed to me to have given this peculiar and, as it appeared to me, contradictory cast of mind: but, at heart, I would have termed Byron *a patrician on principle*."
        Walter Scott M. I. 440.

197. Hereditary bondsmen! know ye not
Who would be free themselves *must strike the blow?*
 Ch. H. II. 76.

198. *La tyrannie* et *la guerre* ne sont-elles pas les plus grands fléaux de l'humanité? Em. V.

199. Sard.: I am no soldier, but a man: speak not
Of *soldiership, I loathe the word,* and those
Wo pride themselves upon it. Sard. IV. 1.

200. He would not delight
(Born beneath some remote inglorious star)
In themes of bloody fray, or gallant fight,
But *loathed the bravo's trade,* and *laugh'd at martial wight.*
 Ch. H. II. 40.

201. — The mass of *never-dying ill,*
The Plague, the *Prince,* the stranger, and the *Sword,*
Vials of wrath but emptied to refill
And flow again. Prophecy III.

202. We are just recovering from tumult and train oil, and transparent fripperies, and *all the noise and nonsense of victory.*
 to Moore. July 8. 1813.

203. As *the sword is the worst argument* that can be used, so should it be the last. Speech on the Frame-work bill.

204. When the minds of men are stirred about essentials, life finds its highest utterance, and Literature, the voice of life, is at its best. For this reason there was in England at the beginning of the Nineteenth Century a fresh development of power. *The genius of Byron represented the whole passionate movement of the Revolutionary time,* and most clearly expressed sympathy with the nations who desired to throw off tyranny and be themselves.
 Morley: Of Engl. Lit. in the Reign of Queen Victoria.

205. Talking of politics, as Caleb Quotem says, pray look at the conclusion of my Ode on Waterloo, written in the year 1815, and, comparing it with the Duke de Berri's catastrophe in 1820, tell me if I have not as good a right to the character of „Vates", in both senses of the word, as Fitzgerald and Coleridge?
 to Murray. Apr. 24, 1820.

206. Hélas! dit-elle (Julie) avec attendrissement, le spectacle de la nature, si vivant, si animé pour nous, est mort aux yeux de l'infortuné Wolmar; et dans cette grande harmonie des êtres, *où tout parle de Dieu d'une voix si douce,* il n'aperçoit qu'un silence éternel.
 N. H.

207. *J'aperçois Dieu partout dans ses œuvres, je le sens en moi, je le vois tout autour de moi.* Emile. IV.

208. Je regarde toutes les religions particulières comme autant d'institutions salutaires, qui prescrivent dans chaque pays une manière uniforme d'honorer Dieu par un culte public; et qui peuvent toutes avoir leurs raisons dans le climat, dans le gouvernement, dans le génie du peuple ou dans quelqu'autre cause locale.qui rend l'une préférable à l'autre, selon les temps et les lieux. Je les croix toutes bonnes quand on y sert Dieu convenablement: *le culte essentiel est celui du cœur*. Em. IV.

209. That he himself attributed every thing to fortune, appears from the following passage in one of his Journals: „Like Sylla, I have always believed *that all things depend upon fortune, and nothing upon ourselves.* I am not aware of any one thought or action worthy of being called good to myself or others, which is not to be attributed to the good goddess, Fortune!" M. I. 203.

210. La première partie de la Profession du Vicaire Savoyard est destinée à combattre le moderne matérialisme, à établir *l'existence de Dieu et la Religion naturelle.*

La seconde partie propose des doutes et des *difficultés sur les révélations en général;* l'objet de cette seconde partie est de rendre chacun plus réservé dans sa religion à taxer les autres de mauvaise foi dans la leur. Rousseau.

211. The consequence is, *being of no party*,
 I shall offend all parties: — never mind! D. J. IX. 26.

212. Can you imagine, that after having never flattered man, nor beast, nor opinion, nor politics, there would *not* be a party against a man, who is also a popular writer — at least a successful? Why, *all parties would be a party against.* to Murray, Jan. 20. 1821.

213. To bigots and to sects unknown,
 Bow down beneath the Allmighty's throne.
 Byron 1807.

214. List of writers whose works I have perused (1807): Divinity: — I abhor books of religion, though *I reverence and love my God, without* the blasphemous notions of *sectaries*, or *belief in their absurd and damnable heresies, mysteries, and Thirty-nine Articles.*

215. Cut me up root and branch, quarter me in the Quarterly; send around my „disjecta membra poetae", like those of *the Levite's concubine;* make me, if you will, a spectacle to men and angels; *but don't ask me to alter*, for I won't: — I am obstinate and lazy — and there's the truth. to Murray, Aug. 12. 1819.

216. This gentleman (Mr. Becher) acknowledges that *with the poetical parts of the Scripture he found Lord Byron deeply conversant:* — a circumstance which corroborates the account given by his early master, Dr. Glennie, of his great proficiency in scriptural knowledge while yet but a child under his care. M. I. 66.

217. *Of the Scriptures*, it is certain that *Lord Byron was a frequent and almost daily reader*, the small pocket Bible -which, on his leaving England, had been given him by his sister, being always near him.
M. II. 430.

218. For *one long-cherish'd ballad's simple stave*,
Rung from the rock, or mingled with the wave,
Or from the bubbling streamlet's grassy side,
Or gathering mountain echoes as they glide,
Hath *greater power* o'er each true heart and ear,
Than all the columns Conquest's minions rear:
Invites, when *hieroglyphics* are a theme
For sages' labours, or the student's dream;
Attracts, when *History's volumes are a toil*, —
The first, the freshest bud of Feeling's soil. Island II. 5.

219. Redde some Italian, and wrote two Sonnets on . . . I never wrote but one sonnet before, and that was not in earnest, and many years ago, as an exercise — and I will never write another. *They are the most puling, petrifying, stupidly platonic compositions.*
Journal, Dec. 17. 1818.

220. I began *a comedy, and burnt it* because the scene ran into reality.
Journal, November 17. 1813.

221. This afternoon I have burnt the scenes of *my commenced comedy*. I have some idea of expectorating a romance or rather a tale in prose.
Journal, Nov. 14. 1813.

222. Je méditais un plan *de tragédie en prose*, qui n'était pas moins que Lucrèce. Conf. VIII.

223. I have some idea of expectorating *a romance*, or rather *a tale in prose*.
Journal, Nov. 14. 1813.

224. I began *a comedy and burnt it* because the scene ran into reality; — *a novel for the same reason.* Journal, Nov. 17. 1813.

225. I have burnt my „Roman" — as I did the first scenes and sketch *of my comedy.* The two last would not have done. I ran into realities more than ever; and some would have been recognised and others guessed at Journal, Nov. 23. 1813.

226. „Hätte Byron Gelegenheit gehabt sich alles dessen, was von Opposition in ihm war, durch wiederholte derbe Aeusserungen im Parlament zu entledigen, so würde er als Poet weit reiner dastehen. So aber, da er im Parlament kaum zum Reden gekommen ist, hat er alles, was er gegen seine Nation auf dem Herzen hatte, bei sich behalten, und es ist ihm, um sich davon zu befreien, kein anderes Mittel geblieben, als es poetisch zu verarbeiten und auszusprechen. Einen grossen Theil der negativen Wirkungen Byron's möchte ich daher verhaltene Parlamentsreden nennen, und ich glaube sie dadurch nicht unpassend bezeichnet zu haben."
Eckermann. Gespräche mit Goethe.

227.　　. . . Quiet to quick bosoms is a hell,
　　　　And there has been thy bane; there is a fire
　　　　And motion of the soul which will not dwell
　　　　In its own narrow being, but aspire
　　　　Beyond the fitting medium of desire;
　　　　And, but once kindled, quenchless evermore,
　　　　Preys upon high adventure, nor can tire
　　　　Of aught but rest; a fever at the core,
　　　　Fatal to him who bears, to all who ever bore.
　　　　　　　　　　　　　　　　　　　Ch. H. III. 42.

　　　　This makes the madmen who have made men mad
　　　　By their contagion! Conquerors and kings,
　　　　Founders of sects and systems, to whom add
　　　　Sophists, *Bards*, Statesmen, *all unquiet things*
　　　　Which stir too strongly the soul's secret springs,
　　　　And are themselves the fools of those they fool.
　　　　　　　　　　　　　　　　　　　Ch. H. III. 43.

　　　　Their breath is agitation, and their life
　　　　A storm whereon they ride, to sink at last,
　　　　And yet so nursed and bigoted to strife,
　　　　That should their days, surviving perils past,
　　　　Melt to calm twilight, they feel overcast
　　　　With sorrow and supineness, and so die;
　　　　Even as a flame unfed, which runs to waste
　　　　With its own flickering, or a sword laid by,
　　　　Which eats into itself, and rusts ingloriously.
　　　　　　　　　　　　　　　　　　　Ch. H. III. 44.

228.　The latest posterity, for to the latest posterity they will assuredly descend, will have to pronounce upon her various productions; and the longer the vista through which they are seen, the more accurately minute will be the object, the more certain the justice, of the decision. She will enter into that existence in which the great writers of all ages and nations are, as it were associated in a world of their own, and, from that superior sphere, shed their eternal influence for the control and consolation of mankind.
　　　　　　　　　　　　　　　　　XVth Note to Ch. H. IV.

229.　　　　　　　Juan so pursued
　　　　His self-communion with his own high soul.　　D. J. I. 91.

230.　*The beings of the mind are not of clay;*
　　　Essentially immortal, they create
　　　And multiply in us a brighter ray
　　　And *more beloved existence:* that which Fate
　　　Prohibits to dull life, in this our state
　　　Of mortal bondage.　　　　　　　　　　Ch. H. IV. 5.

231. Je suis né avec un amour naturel pour la solitude qui n'a fait qu'augmenter à mesure que j'ai mieux connu les hommes. Je trouve mieux mon compte avec *les êtres chimériques que je rassemble autour de moi,* qu'avec ceux que je vois dans le monde.
1. L. à Malesherbes, janv. 1762.

232. J'en ai beaucoup vu qui philosophaient bien plus doctement que moi, mais leur philosophie leur était pour ainsi dire étrangère Voulant être plus savants que d'autres, ils étudiaient l'univers pour savoir comment il était arrangé, comme ils auraient étudié quelque machine qu'ils auraient aperçue par pure curiosité. Ils étudiaient la nature humaine pour en pouvoir parler savamment, mais *non pas pour se connaître;* ils travaillaient pour instruire les autres, mais *non pas pour s'éclairer en dedans.* Pour moi, quand j'ai désiré d'apprendre, *c'était pour savoir moi-même* et non pas pour enseigner. Rêv. 3 Prom.

233. La méditation de ses écrits apprend *à tirer de soi-même la jouissance et ce bonheur* que les hommes vont chercher en général si loin d'eux.
1. Dial.

234. Comment peut-on avoir une âme et *ne pas se complaire avec elle?*
L. à Mlle. de D. M. 7 Mai 1764.

235. Je ne puis trop vous le dire; je ne connais *ni bonheur ni repos dans l'éloignement de soi-même;* et au contraire, je sens mieux, de jour en jour, qu'on ne peut être heureux sur la terre qu'à proportion qu'on s'éloigne des choses et *qu'on se rapproche de soi.*
L. à Mlle. D. M. 7. Mai 1764.

236. Je m'enivre *d'amour-propre.* Pygmalion

237. Passant ma vie *avec moi,* je dois me connaître. Rousseau.

238. I have no resource *but my own reflections.*
to Dallas. Oct. 11. 1811.

239. It is, indeed, in *the very nature and essence of genius* to be for ever occupied intensely with Self, as the great *centre and source of its strength.* M. I. 422.

240. The very habits, indeed, of abstraction and self-study to which the occupations of men of genius lead, are, in themselves, necessarily, of *an unsocial and detaching tendency,* and require a large portion of indulgence from others not to be set down as unamiable. One of the chief sources, too, of sympathy and society between ordinary mortals being their dependence on each other's intellectual resources, the operation of the social principle must naturally be weakest in those whose own mental stores are most abundant and self-sufficing, and who, rich in such materials for thinking within themselves, are rendered so far independent of any aid from others. It was this solitary luxury (which Plato called „banquetting his own thoughts") that led *Pope, as well as Lord Byron, to prefer the silence and seclusion of his library* to the most agreeable conversation. M. I. 419.

241. If in the course of such a life as was
At once *adventurous and contemplative,*
Men who partake all passions as they pass,
Acquire the deep and bitter power to give
Their images again as in a glass,
And in such colours that they seem to live;
You may do right forbidding them to show 'em,
But spoil (I think) a very pretty poem.   D. J. IV. 107.
242. J'aime-trop... de *parler de moi.*   3. L. à Malesh.
243. What do they mean by „*elaborate*"?   Why, *you* know that they (Lines to the Po) were witten as fast as I could put pen to paper, and printed from the original Mss., and never revised but in the proofs *look at the dates* and the Mss. themselves. Whatever faults they have must spring from carelessness, and not from labour. They said the same of „Lara", which I wrote while undressing after coming home from balls and masquerades, in the year of revelry 1814.
                                to Murray, May 22. 1822.
244. I have been considerably astonished at the temporary success of my works, having *flattered no person and no party, and expressed opinions which are not those of the general reader.*
                                       Pamphlet. M. II. 210.
245. *I write the world, nor care if the world read;*
At least for this I cannot spare its vanity.
                                               D. J. XV. 60.
246. I detest all fiction even in song
And so must tell *the truth, howe'er you blame it.*
                                               D. J. VI. 8.
247. Having *never flattered man,* nor beast, nor opinion, nor politics.
                                           to Murray, Jan. 20. 1821.
248. I have not the temper (as it is called) *to keep always from saying what may not be pleasing to the hearer* and reader.
                                         to Murray, June 6. 1822.
249. One (Rousseau), whose desire
Was *to be glorious:* 'twas a foolish quest,
The which to gain and keep, be sacrificed all rest.
                                              Ch. H. III. 76.
250. Des succès continus m'ont rendu *sensible à la gloire.*
                                         1. L. à Malesherbes, janv. 62.
251. Un homme qui met à un si haut prix *l'opinion des autres,* un homme dont *l'ambitieux amour-propre voulait remplir tout l'univers de sa gloire, éblouir tous ses contemporains de l'éclat de ses talents.*
                                                       Rousseau.
252. *The desire* in my bosom *for fame*
Bids me live but to hope for Posterity's praise.
                                              To Mr. Becher. M. I. 73.

253. To me what is *wealth?* it may pass in an hour,
If tyrants prevail, or if Fortune should frown;
To me what is *title?* — the phantom of power;
To me what is *fashion?* — *I seek but renown.*
Lines addressed to the Rev. J. T. Becher
on his advising the author to mix more with society. Hours, 1806.

254. *The voice of fame* had become almost as necessary to him as the air he breathed. M. II. 407.

255. While scorn for the public voice was on his lips, the *keenest sensitiveness to its very breath was in his heart.* M. II. 502.

256. Le livre n'est point fait pour circuler dans le monde et *convient à très peu de lecteurs. Le style rebutera les gens de goût,* la matière alarmera les gens sévères, *tous les sentiments seront hors de la nature.* Il doit déplaire aux dévots, aux libertins, aux philosophes; il doit choquer les femmes galantes, et scandaliser les honnêtes femmes. A qui plaira-t-il donc? Peut-être à moi seul; mais à coup sûr il ne plaira médiocrement à personne. Préface de la Nouv. Hél.

257. My years have been no slumber, but the prey
Of *ceaseless vigils,* for I had the share
Of life which might have fill'd a century,
Before its fourth in time had pass'd me by. To Augusta.

258. My days are listless, and *my nights restless.*
to Hodgson. Oct. 13. 1811.

259. Herman: 'Tis strange enough; *night after night, for years,
He hath pursued long vigils in this tower.*
Manfred III.

260. *Could I embody and unbosom now
That which is most within* me, — could I wreak
My thoughts upon expression, and thus *throw
Soul, heart, mind, passions, feelings, strong or weak,*
All that I would have sought, and all I seek,
Bear, know, feel, and yet breathe — into *one* word,
And that one word were Lightning, I would speak;
But as it is, I live and die unheard,
With a most voiceless thought, sheathing it as a sword.
Ch. H. III. 97.

261. Breasts to whom all the strength of feeling given
Bear *hearts electric* — charged with fire from Heaven,
Black with the rude collision, inly torn,
By clouds surrounded, and on whirlwinds borne,
Driven o'er the lowering atmosphere that nurst
Thoughts which have turn'd to thunder — scorch — and burst.
Monody on the Death of Sheridan.

262. *Seul* parmi tous les auteurs il était le *peintre de la nature* et l'*historien du cœur humain*.   1. Dial.

263. L'auteur des *seuls* écrits dans ce siècle qui portent dans l'âme des lecteurs la persuasion qui les a dictés.   Rousseau.

264. We can have but one country, and even yet
Thou'rt mine — my bones shall be within thy breast,
My soul within thy language
But *I will make another tongue arise*
As lofty and more sweet, in which express'd
The hero's ardour, or the lover's sighs,
Shall find alike such sounds for every theme
That every word, as brilliant as thy skies,
Shall realise a poet's proudest dream,
And *make thee Europe's nightingale of song* . . .
This shalt thou owe to him thou didst so wrong.
                                          Prophecy II.

265. I have been reading Grimm's Correspondence. He repeats frequently, in speaking of a poet, or a man of genius in any department, even in music (Grétry, for instance), that he must have „*une âme qui se tourmente, un esprit violent.*" How far this may be true, I know not, but if it were, I should be a poet „per excellenza"; *for I have always had* „*une âme*", *which not only tormented itself but every body else in contact with it;* and an „*esprit violent*" which has almost left me without any „esprit" at all!   Diary. Jan. 31. 1821.

266. Dergleichen (The two Foscari) war ganz Byrons Element, er war *ein ewiger Selbstquäler*, solche Gegenstände waren daher seine Lieblingsthemata, wie Sie aus allen seinen Sachen sehen, unter denen fast nichts ein heiteres Sujet ist.
                           Eckermann: Gespräche mit Goethe.

267. *A sensibility vulnerable at so many points* as his was, and acted upon by an imagination so long practised in *self-tormenting*.
                                                    M. II. 113.

268. I found, too, such a pretty epitaph in the Certosa cemetery, or rather two: one was
                 Martini Luigi
                 Implora pace;
the other,
                 Lucrezia Picini
                 Implora eterna quiete.
Pray, if I am shovelled into the Lido churchyard in your time, let me have the „*implora pace*" and nothing else, for my epitaph. I never met with any, ancient or modern, that pleased me a tenth part so much.   to Hoppner, June 6. 1819.

269. I hope, whoever may survive me, and shall see me put in the foreigners' burying-ground at the Lido, within the fortress by the Adriatic, will see those two words *(Implora pace)*, and no more put over me.   to Murray, June 7. 1819.

270. The worst had fall'n which could befall.   Lara I. 18.

271. Anah: Our doom is sorrow.   Heaven and Earth III.

272.   To die
Is nothing; but to wither thus ...   Prophecy J.

273.   My soul began to pant
With feelings of strange tumult and soft pain;
And the whole heart exhaled into One Want,
But indefined and wandering, till the day
I found the thing I sought — and that was thee;
And then I lost my being all to be
Absorb'd in thine — the world was past away —
Thou didst annihilate the earth to me!   Tasso VI.

274. That thou wert beautiful, and I not blind,
Hath been the sin which shuts me from mankind.   Tasso II.

275. I have been patient, let me be so yet;
I had forgotten half I would forget;
But it revives — Oh! would it were my lot
To be forgetful as I am forgot! —   Tasso III.

276. I loved all *Solitude*.   Tasso VII.

277. Sullen and *lonely*.   Tasso I.

278. It is no marvel — from my very birth
My soul was drunk with love, — which did pervade
And mingle with whate'er I saw on earth;
Of objects all inanimate I made
Idols, and out of wild and lonely flowers,
And rocks, whereby they grew, a paradise,
Where I did lay me down within the shade
Of waving trees and dream'd uncounted hours.   Tasso VI.

279.   In the innate force
Of my own spirit shall be found resource.
I have not sunk, for I had no remorse,
Nor cause for such.   Tasso II.

280. Feel I not wroth with those who placed me here?
Who have debased me in the minds of men,
Debarring me the usage of my own,
Blighting my life in best of its career,
Branding my thoughts as things to shun and fear?
Would I not pay them back these pangs again,
And teach them inward Sorrow's stifled grown? Tasso IV.

281. Long years! — it tries the thrilling frame to bear
 And eagle-spirit of a child of Song —
 Long years of *outrage, calumny, and wrong;*
 Imputed madness, prison'd solitude,
 And the mind's canker in its savage mood. Tasso I.

282. They call'd me *mad* — and why? Tasso II.

283. I shall go to Bologna by Ferrara, instead of Mantua; because I would rather see the cell where they caged Tasso and where he became mad. to Moore, Apr. 11. 1817.

284. Had I not done something at that time, I must have gone *mad*, by eating my own heart, — bitter diet! —
 Journal, Nov. 16. 1813.

285. If I don't write to empty my mind, I go *mad*.
 to Moore, Jan. 2. 1821.

286. Some peculiar circumstances in his private history had rendered him an object of attention, of interest, and even of regard, which neither the reserve of his manners, nor *occasional indications of an inquietude at times nearly approaching to alienation of mind*, could extinguish.
 Fragment.

287. To such a perverse length, indeed, did he carry this fancy for self-defamation, that if (as sometimes, in his moments of gloom, he persuaded himself), there was *any tendency to derangement in his mental conformation*, on this point alone could it be pronounced to have manifested itself. M. II. 506.

288. 'Tis true, with other men their path he walk'd,
 And like the rest in seeming did and talk'd,
 Nor outraged Reason's rules by flaw nor start, —
 His madness was not of the head, but heart.
 Lara I. 18.

289. That pang where more than *madness* lies!
 The worm that will not sleep — and never dies;
 Thought of the gloomy day and ghastly night;
 That dreads the darkness and yet loathes the light,
 That winds around, and tears the quivering heart.
 Bride of Abydos.

290. I don't much like describing people *mad*,
 For fear of seeming rather touch'd myself.
 D. J. IV. 74.

291. I wrote a sort of *mad* drama, for the sake of introducing the Alpine scenery in description. to Moore, March 25. 1817.

292. The face of the earth hath *madden'd* me, and I
 Take refuge in her mysteries. Manfred II. 2.

293. The desert, forest, cavern, breaker's foam,
Where unto him companionship; *they spake
A mutual language*, clearer than the tone
Of his land's tongue.   Ch. H. III. 13.

294. He who first met the Highland's swelling blue,
Will love each peak that shows a kindred hue,
Hail in each crag *a friend's familiar face,
And clasp the mountain in his mind's embrace.*   The Island.

295. Here are the Alpine landscapes which create
A fund of contemplation; — to admire
Is a brief feeling of a trivial date;
But something worthier do such scenes inspire:
Here *to be lonely is not desolate,*
For much I view which I could most desire.
                                           Epistle to Augusta.

296. Je me trouvais *seul au milieu de la multitude* autant par mes idées que par mes sentiments.   1. Dial.

297. Je m'élance sur les rochers, je parcours à grands pas les environs, et trouve partout *dans les objets la même horreur qui règne au-dedans de moi.* On n'aperçoit plus de verdure, l'herbe est jaune et flétrie, les arbres sont dépouillés, le séchard et la froide bise entassent la neige et les glaces; et *toute la nature est morte à mes yeux, comme l'espérance au fond de mon cœur.*   N. H. I. 26.

298. Le séjour où je suis est *conforme à l'état de mon âme.* Une file de rochers stériles borde la côte et environne mon habitation que l'hiver rend encore plus affreuse. Ah! je le sens, ma Julie, s'il fallait renoncer à vous, *il n'y aurait plus pour moi d'autre séjour ni d'autre saison.*   N. H. I. 26.

299. Thou (Ocean) goest forth, dread, fathomless, *alone.*
                                           Ch. H. IV. 183.

300. La terre offre à l'homme (dans l'harmonie des trois règnes) un spectacle plein de vie, d'intérêt et de charmes, le seul spectacle au monde dont ses yeux et son cœur ne se lassent jamais. Plus un contemplateur a l'âme sensible, plus *il se livre aux extases qu'excite en lui cet accord.* Une rêverie douce et profonde s'empare alors de ses sens et il se perd avec une délicieuse ivresse dans l'immensité de *ce beau système avec lequel il se sent identifié.* Alors tous les objets particuliers lui échappent; *il ne voit et ne sent rien que dans le tout.*
                                           Rêv. 7. Prom.

301. Je ne médite, je ne rêve jamais plus délicieusement, que quand je m'oublie moi-même. Je sens des extases, des ravissements inexprimables, *à me fondre pour ainsi dire dans le système des êtres, à m'identifier avec la nature entière.*   Rêv. 7. Prom.

302. Ulric: I'm the true chameleon,
And *live but on the atmosphere*, your feasts
In castle halls, and social banquets, nurse not
My spirit. — I'm a forester and breather
Of the steep mountain tops, where I love all
The eagle loves. Werner IV. 1.

303. Au reste, on sait déjà ce que j'entends par un beau pays. **Jamais pays de plaine, quelque beau qu'il fût, ne parut tel à mes yeux.** Il me faut *des torrents, des rochers, des sapins, des bois noirs, des montagnes,* des chemins raboteux à monter et à descendre, *des précipices à mes côtés qui me fassent bien peur*. Conf. IV.

304. My joy was in *the wilderness, to breathe*
The difficult air of the iced mountain's top,
Where the birds dare not build, nor insect's wing
Flit o'er the herbless granite. Manfred II. 2.

305. Dear Nature . . .
Oh! *she is fairest in her features wild,*
Where nothing polish'd dares pollute her path:
To me by day or night she ever smiled,
Though I have mark'd her when none other hath,
And sought her more and more, and *loved her best in wrath.*
Ch. H. II. 37.

306. En suivant ce beau rivage (du Lac Leman) je me livrais à la plus douce mélancolie. Combien de fois, m'arrêtant pour pleurer à mon aise, assis sur une grosse pierre, je me suis amusé à voir tomber mes larmes dans l'eau! Conf. IV.

307. One of his chief delights, as he mentioned in his „Memoranda", was, when bathing in some retired spot, to seat himself on a high rock above the sea, and there remain for hours, gazing upon the sky and the waters and lost in that sort of vague reverie, which, however formless and indistinct at the moment, settled afterwards on his pages into those clear, bright pictures which will endure for ever.
M. I. 191.

308. Luckily for Shelley's full enjoyment of these scenes, he had never before happened to read the Héloïse; and though *his companion had long been familiar with that romance*, the sight of the region itself, the „birth-place of deep Love", every spot of which seemed instinct with the passion of the story, gave to the whole a fresh and actual existence in his mind. *Both were under the spell of the Genius of the place,* — both full of emotion; and as they walked silently through the vineyards that were once the „bosquet de Julie", Lord Byron suddenly exclaimed, „Thank God, Polidori is not here".

That the glowing stanzas suggested to him by this scene were written upon the spot itself, appears almost certain from the letter

www.ingramcontent.com/pod-product-compliance
Lightning Source LLC
Chambersburg PA
CBHW031552300426
44111CB00006BA/285